百年變局下的
中國
經濟

李稻葵 —— 著

開明書店
香港管理學院出版社

代　序

百年大變局：如何讀懂世界，
讀懂中國經濟？

一　讀懂世界，必須看到百年未有之大變局的本質

　　大變局的本質是以中國為代表的新興國家不斷崛起，以美國為「領頭羊」的西方國家的相對影響力在下降，無法延續過去百年來獨自主導世界的能力。

　　西方國家相對影響力下降的直接後果是其政治越來越本土化、民粹化、草根化。為什麼？因為西方精英派長期以來是國際秩序的主導者，而西方國際影響力下降導致草根派遷怒於精英派。以美國為例，草根派的根本訴求是重振美國經濟和社會，尤其是美國的製造業，典型代表就是底特律這個曾經輝煌、如今衰敗的城市。這是他的選票所在。而美國精英派的訴求更加側重國際大局、意識形態，雙方格格不入、水火不容。美國政治草根派於國內劍指精英派，藉口是中國，口口聲聲稱精英派對中國太軟弱，出賣了美國利益。而精英派對中國也有不滿，他們主要擔心中國的強大會攪亂美國精心營造起來的國際秩序。在國際問題上，這兩派人的共同點，就是中國。這就是百年未有之大變局對中國的直接影響。

　　特別應該看到的是，草根派本質上並不關心意識形態，並不關心中國的國際作用，根本不知道「厲害了我的國」之類的對外宣傳，他們關心的就是美國本土藍領階層的就業和工資水平的提高！他們要恢復的就是美國過去的光榮孤立時期的經濟繁榮和社會穩定；他們的最主要矛頭是那些並不認同美國傳統價值觀的新移民，尤其是信奉穆斯林的新移民，中國在他們的政治體系裏面僅僅是一個外部矛盾，並非不可調和！

　　有這個判斷之後，精準地把握美國草根派的訴求，想方設法地讓他們認識到中國經濟的崛起應該有助於解決他們的經濟病痛，包括積極擴大中國從美國進口汽車規模，重振底特律這類長期衰敗地區的經濟，以此換得他們接受中國崛起的歷史大勢。應該說，中國政府與西方民粹派並不是沒有合作空間的。

二　讀懂中國，必須看到大變局下的中國不同於當年的日蘇德

　　我們必須非常清楚地認識到，今天的中國，與當年的日本、蘇聯和德國是完全不可同日而語。

　　先看看今日的中國與當年的日本。以購買力平價計算的人均 GDP，當年日本的經濟發展水平已經達到了美國的 80％ 左右，而當今中國的經濟發展水平僅為美國的 29％。作為趕超的大國經濟，中國的發展潛力遠比當年的日本大得多。而當年日本經濟對美國的依賴程度，按照對美出口佔日本總出口的比例來算，遠高於今天的中國經濟（1990 年日本對美出口佔總出口的 30％ 左右，而 2018 年中國對美出口僅佔總出口的 19.29％）。更重要的是，日本在軍事、政治乃至整個體制上是完全依賴於美國的。日本的安全仰賴於兩國的安保協議和駐日美軍；日本戰後的憲法，就是美軍佔領日本時軍方律師所起草的。被美國人扯住命根子的日本人不可能據理力爭，而只能按照美國人指出的路線硬性調整，因此步入了「失去的 20 年」。儘管在這 20 多年的低增長過程中，日本人民的實際生活似乎並沒有很多人想像的那麼糟，但不可否認，日本並沒有延續當年全面趕超美國的態勢，如今日本已經不再是國際政治經濟領域美國看得上的競爭對手。

　　今天的中國與美蘇爭霸時期的蘇聯又完全不同。中國國內社會經濟多元化發展，市場經濟思維深入人心，民營經濟規模遠遠大於國有經濟，而當時

蘇聯的社會經濟體系單一僵化，幾乎沒有自由市場經濟發展的空間。今天中國的經濟與社會的活力和創造力，遠不是當年蘇聯可比。而中國當前的意識形態，和國際主流意識形態有很大程度的一致性，包括推進生態文明建設、節能減排、應對氣候變化、勇擔海運護航、聯合國維穩等國際責任、力挺全球化、積極參與國際組織運行、尊重各國現有政權、不玩政變和傀儡遊戲。而美蘇之爭時，蘇聯的戰略目標是輸出革命、顛覆不合意之外國政權。美蘇意識形態幾乎完全對立，水火不容。

　　今天的中國與美德競爭時的德國也完全不同。當年的德國是在舊的帝國思維支配之下馬力全開，其基本思路就是通過一兩場戰爭擴大版圖，從而擴大自己的長期利益。這個時代，總體上講已經過去了。以色列作家、歷史學家尤瓦爾·赫拉利在《今日簡史》中明確說過，當今世界總體上講，包括美國政府在內，已經放棄通過一兩場戰爭來獲得民族利益和國家發展的戰略。比如，雖然以色列在軍事上完全有能力消滅或兼併周邊國家，但是這麼做，對其而言並沒有好處，反而會招致禍端。俄羅斯在克里米亞問題上並不是例外，俄羅斯並非簡單訴之於武力、強取強奪克里米亞，美歐更沒有針鋒相對、以武制武。

　　特別需要看到的是，當今中美之間的經濟、社會、人文方面的聯繫，遠遠超過當年的美日和美蘇。當年日本經濟極少有美國的大公司投資，外商直接投資佔日本投資平均每年不到 1％。而今天中國是美國幾乎所有大公司的第一大市場，或者是第一大投資國。中國在美國的留學生遠多於當年日本在美國讀書的學生。中美之間的利益交融程度以及相互了解程度，遠超當年的美日。特別值得注意的是，當代中國政府中在美國工作或學習過的決策者不在少數，這在當年以及今天的日本政府的決策層中極為少見，筆者長期觀察發現，日本財政部與央行在美國留過學的人數非常少。因此，絕對不能把當年美日之爭、美蘇之爭、美德之爭的格局和結果簡單照搬來分析當今世界。

　　中國絕不是當年的日蘇德，絕不會重蹈覆轍！

三　應對大變局，必須做好自己的大事

最重要的是，必須清醒地意識到，中國如此巨大的文明古國，過去 40 多年的快速發展，絕非美國所賜，儘管中美真誠合作是助力器。做好自己才是根本！

中美貿易摩擦明白無誤地告訴我們，中國經濟發展，舊的思路已經行不通了。舊的思路是靠出口來彌補國內市場的不足，是靠吸引外資、讓外資帶來新的技術，這些思路在當前中美關係大格局下，已經是「此路不通」了，必須要有新的思路。

怎樣有新的思路呢？那就要回歸改革開放最基本的經驗，做好自己的功課。三件大事必須搞對。

首先，重拾經濟發展的激勵。當前的問題是經濟發展激勵機制不暢，尤其是地方官員受約束很多，在經濟問題上授權遠遠不足，巡視、監督、問責有餘，正面激勵遠遠不足，束手束腳。學文件學不出改革，實踐和創新是真正的改革。我們應該恢復改革開放 40 多年以來地方政府以經濟建設為中心、勇於探索，大膽創新改革，幫着企業謀發展的態勢。同時也要給民營企業家明確的產權保護、明確與國企、外企一視同仁的待遇；國有企業必須產權多元化，對管理者要有明確的授權，要建立現代企業制度，讓國有企業真正作為面向市場的企業而不是面向上級的政府部門，落實國家「管資本，不管經營」的基本原則。

第二，社會層面的重大問題，包括教育、醫療、養老，不能完全推給市場，政府責任不可缺位。當前中國很多矛盾，已經不是簡單的經濟層面的，而是社會層面的，包括教育、醫療、養老等。這些矛盾，不能簡單地用市場經濟的辦法來解決，政府責任不可缺位，必須精準地用公共管理政策與市場相結合的辦法來解決。例如人口問題，需要從現在開始，完全放開計劃生育政策，適當地鼓勵生育，但是需要非常精準而柔性的公共政策。再比如教育問題，必須要強調義務教育階段的政府主導，不能盲目引入民間資本。民

間資本必然是以營利為導向的，以營利為導向的基礎教育必然是照顧短期功效，這就會扭曲義務教育的目標：義務教育的根本目的是公平發展，所有受教育者都有同樣的機會。高等教育也要強調長期的素質發展，而不是短期的學位獲取。在養老問題上，必須要徹底改造現在的養老退休制度，增加養老退休的靈活性，同時輔之以各種各樣的養老退休計劃。

第三，在中美貿易摩擦的背景下，要更加強調對外開放、虛心學習的心態。對外開放的本質是學習，而不是簡單地獲得市場、資金或者技術。政府、企業、民眾認真地學習一切外國的有益實踐，這是經濟進步、社會發展的根本。

首先要認真虛心地學習美國的法治精神。法治精神是美國最寶貴的特點。在美國，任何重大事件發生後，最終都會在法律層面尋求解決，美國聯邦最高法院的判決就被認為是最終解決方案。美國草根派與精英派之爭，雙方都在法治層面上尋求解決，這方面中國必須學習，要把法治打造成基本的凝聚力。小到拆遷，大到國家政策，爭議止於法院判決，這是我們最該向美國學習的地方。

另外，我們要學習日本精細管理的精神。雖然日本的企業和政府在戰略層面上屢屢犯錯，但精細管理是他們的看家本領，其水平在全球範圍內首屈一指。這一點我們的企業和全體國民必須認真學習。

我們也要學習德國精準調控市場經濟的方法。德國在房地產和金融領域，都有非常成功的精準調控的制度。德國為什麼要精準調控市場經濟呢？這是因為德國在第一次世界大戰和第二次世界大戰之間的魏瑪共和國時期嘗到了放任自流的市場經濟的苦頭，第二次世界大戰之後他們認真總結那段時間的經驗，提出了社會市場經濟的理念。直到今天，德國的房地產和金融市場都沒有出現重大危機 —— 相反，德國的實體經濟包括製造業的發展如日中天。

同時，我們還要認真學習英國的戰略思維。過去 500 年以來，英國在重大戰略問題上基本沒有犯過錯誤，英國在跟法國、荷蘭、葡萄牙、西班

牙、德國、日本等國的戰略競爭中，每次都能勝出。英國善於順應歷史潮流而動。如今英國看好中國，在西方國家中率先提出加入亞洲基礎設施投資銀行，並積極地參與推動人民幣國際化。從英國的視角，我們應該看到中國持續向上的信心。過去 500 年，英國對歷史大勢的判斷從未失誤，而今天他們以實際行動選擇了中國，難道我們對自己的國運還沒有自信心嗎？

長期以來，作為學者，我有幸來往於國內國外，參與各種會議和論壇，訪問調研了各類大學、企業、政府結構和國際組織，和國內外經濟學同行以及商業和政府領導者近距離交流。最近幾年直接感受了世界正在經歷的大變局，時時有感而發，不吐不快。本書的主體是基於這些調研活動的分析報告，還有一部分是其他研究報告的濃縮版。這些文章的主題是世界大變局以及中國經濟社會應對。

回眸本書段段文字，由衷感歎任何書或文章都是集體勞動的成果，都有大量默默付出的幕後奉獻者，他們尤其需要感謝。首先是深圳的《新財富》雜誌出色的編輯劉凌雲女士，她十幾年來如一日，定期給我發來微信或電郵，梳理一些熱點話題，邀我作文回應，而我草就的文字經她的神筆塗撒，煥然一新，立意鮮明，不經意間往往成為網上熱點文章。書中的許多文字出身如此。十幾年來我們一共見面不超過三次，而每個月的這種合作從未間斷，可算作電子通信時代文字創作的小奇蹟。多年來，我的一批研究生和博士生是世界上最勤奮、最能幹的一批學子，他們是本書各篇文章最早的評論人和加工者，更是基礎性研究素材的蒐集者、核實者。他們包括胡思佳、陳大鵬、張馳、李雨莎、王緒碩、張鶴、郎昆。需要特別感謝的是人民出版社的曹春編輯，她讓我深深認識到一個極為簡單但卻被忽略的道理：當今世界，人人都覺得自己可以寫作，成為網紅，都能寫書，但是他們忘了，勤勤懇懇、極其負責、具有洞察力的編輯卻是把日常寫作變成高質量出版的神奇要素。

目　錄

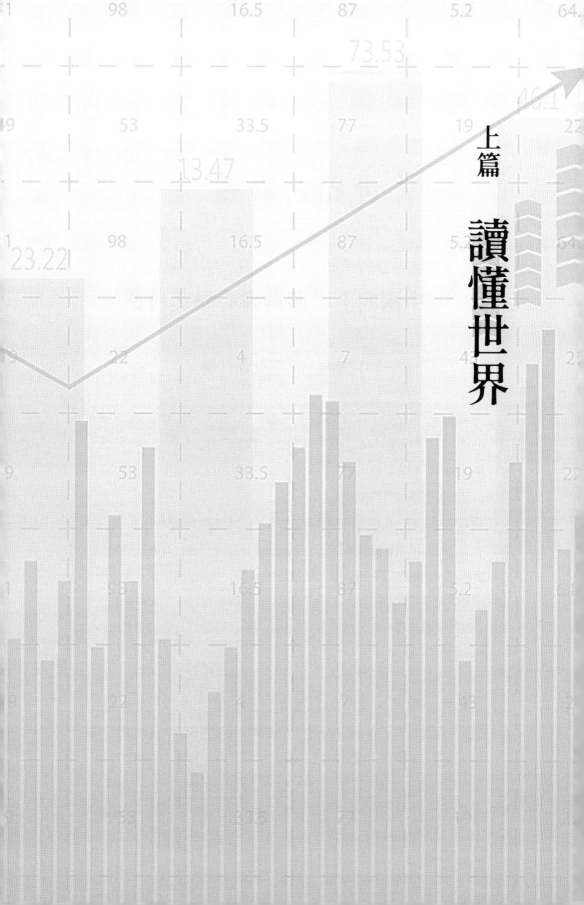

上篇

讀懂世界

第一章
世界新常態

一　中國向上，還得虛心學美日德

（一）中國向上，還要做什麼？

毫無疑問，我們必須以虛懷若谷的心態，綜合性地汲取其他發達國家的發展精髓，這是中國能否真正成為一個在全球範圍內具有巨大影響力的大國和強國的關鍵。如果我們不能夠持續地學習，很有可能將倒在從中等發達到發達、從大國到強國的門檻上。

改革開放之初，中國人重點學習的對象，至少在經濟領域，是日本。那時，中日友好關係處於巔峰狀態，中國派出了一個又一個代表團赴日學習，那時華國鋒、胡耀邦等中國領導人都曾訪問日本，中國經濟學家、管理學家都在仔細研究「日本模式」。這一切在今天仍然留有痕跡，如國務院發展研究中心的設置在某種程度上是學習日本的結果。當時的經濟學前輩馬洪等特別強調向日本學習。

再往後若干年，中國學習的對象逐步轉向美國，大量留學生、訪問學者遠赴美國訪問、學習、交流。由於美國是當今世界第一強國，很自然，這一趨勢一直延續到今天。這一點在大學及學術機構中特別明顯，各大學精英人士言必稱哈佛、斯坦福、麻省理工（MIT）。這在一定程度上是有道理的，因為美國的科學、高等教育在全世界是領先的，但是必須看到，美國並不是沒有它自己的問題。2008 年爆發於美國的全球金融危機就是一個明證。

2012 年以來，雖然美國經濟領先於其他發達國家率先復甦，但是並沒有給社會各界全面帶來實惠，因此爆發了一輪又一輪的抗議。美國的社會問題日益嚴重，貧富差距有明顯擴大的趨勢。

近年來，中國也在更加仔細地研究、審視歐洲的模式。一個重要的原因是，在國際戰略層面，美國正逐步將中國認作一個潛在的競爭對手；而歐洲，尤其是德國，與中國的關係日益密切，就連美國長期的盟友英國也對中國採取了各種各樣戰略層面的友好姿態。

面對具有不同優勢的各大強國，我們到底還應該向他們學什麼呢？很顯然，應該學習各國最精髓的成功要素，兼收並蓄，並融入中國傳統的政治經濟、國家治理的綜合優勢，這樣中國才能真正成為一個在全球範圍內具有巨大影響力的大國和強國。

（二）學習美國優勢的精髓：
法治基礎上的包容與開放

美國作為當今世界的超級大國，其實力的基礎毫無疑問是創新。美國從科學技術到企業制度、商業模式，都為其他各國包括其他發達國家長期羨慕和追趕。那麼，美國創新活力的基礎是什麼呢？是其開放、包容和多元的精神。只有包容，才能使那些看上去離經叛道的思想最終發展為創新的火花；而包容的一個重要方面就是其文化和種族的多元性；文化與種族的多元性，又來自其制度的開放性。

「開放社會」是索羅斯及其所崇拜的倫敦經濟學院的導師卡爾・波普長期推崇的，開放能夠保證不同思想的人群得以融入主流社會之中。在美國，那些極具創新力的天才型人物，從埃隆・馬斯克（Elon Musk）、比爾・蓋茨（Bill Gates）、到史蒂夫・喬布斯（Steve Jobs）、馬克・扎克伯格（Mark Elliot Zuckerberg），以及早年的托馬斯・阿爾瓦・愛迪生（Thomas Alva Edison）、尼古拉・特斯拉（Nikola Tesla）等，從各種角度來看，既是天才

也是怪才，他們都有各自行為方式、思維方法上的怪異性；但都得到了美國社會的包容，最終成為改變社會的鉅子。

美國包容、開放、自由的基礎是法治（Rule of law）。任何重大的社會事件，從 O. J. 辛普森世紀大案，到戈爾與小布什的總統競選之爭，只要上升到法律層面並且由司法體制給出判決，絕大多數民眾都願意接受其結果，乃至於今天許多美國人大罵小布什但極少人為戈爾喊屈，而大部分美國人認為 O. J. 辛普森有罪但沒人公開挑戰當時的法官判決。這就好比沒人說喬丹最後一次奪冠投中的那個球應該被判進攻犯規無效一樣。尊重司法體系的判決，就像尊重體育裁判所代表的遊戲規則，敢搏認輸，這就體現了美國人可愛的法治精神！

記得我在美國攻讀博士學位的時候，我的一個老師是奧利佛‧哈特（Oliver Hart）。當時他在 MIT 當教授，後來去了哈佛。他的學術貢獻是收集法院的判例，深入研究「產權」的含義，我始終認為這是一項應該獲得諾貝爾經濟學獎的工作。我寫畢業論文的時期，波士頓發生了一起著名的案件，一個來自愛爾蘭的留學生被指控虐待嬰兒致死，一審被判終身監禁，引發輿論不滿，後來法官改判為輕罪。我多次以此為例問哈特教授，我說法官也是人，因此也一定會受人為因素干擾，甚至受賄，為什麼不把法院的公正性和效率引入產權研究乃至整個法與經濟的研究。他總是笑而不答。有一次，他委婉地告訴我：這種研究在美國沒人會信，美國人認為法院就是法院，法院的公正性不容置疑。這段對話，我至今不忘，美國從精英到百姓對司法系統的尊重是令我們外國人印象深刻的。多年以來，我也一直在想，美國學術界也是有禁區的。

中國是一個多民族國家，幅員遼闊、歷史悠久，這一點和其他東亞國家如韓國、日本截然不同，因此，中國完全有可能，也完全應該在開放、包容與多元方面向美國學習，而學習的切入點應該在於教育體系。

美國的高等教育固然備受全球各國推崇，但是應該看到，美國最具創造性的是一大批有特色的中小學。雖然美國很多的中小學，尤其是在貧困

社區的中小學質量極其低下，但是不要忘記，美國還有一大批精英式的中小學。比如，馬克·扎克伯格就讀的菲利普斯埃克塞特中學（Phillips Exeter Academy），培養了一大批精英人士，其在美國的聲譽應該比哈佛大學還高，進這所中學比進哈佛還難。即便不是精英名校的很多高質量中小學，也都極具特色。最近幾年我接觸過一些美國的中小學，給我留下極其深刻印象的是，入學第一天學校就會反覆強調，學生們必須有包容、平等的心態，不許因為同學們的長相、膚色、智力水平、家庭背景等任何原因而加以歧視，要尊重每一位同學。這種包容的氛圍，使得每一位同學能夠自由發揮和成長。

近年來，中國的高等教育快步前進，從科研論文發表的數量，到本科生出國參加各種各樣競賽獲獎的數量，乃至於吸納頂尖科研人才的數量和質量來看，都在迅速趕超許多國家。如果不出重大意外，可以預見，在未來20年內，中國的確能夠湧現出一批躋身全球一流大學行列的高等院校。但令人擔憂的是，我們的中小學教育有沒有足夠的包容心、開放度和多元化的氛圍，從而讓各種各樣的人才能夠泉湧般出現。這一點是我們必須向美國學習的。

（三）向日本學習精細化管理的精神

任何去過日本的中國朋友都會被其精細化的管理所折服。在日本，從馬路邊的售賣機、快餐店、地鐵、企業乃至政府部門，方方面面的運作都體現出精細化管理的精髓。日本汽車行業經久不衰的競爭力更是其精細化管理的集中體現：汽車零部件生產與組裝廠的密切配合，能夠保證日本汽車零部件的質量，使之經濟耐用，在同一價位上完勝其他國家的競爭者。日本的精細化管理，時常直接轉化成為其科技、軍事等方面的優勢。

當然，並不能說精細化管理是一個社會成功發展的全部要素。客觀地講，日本的長處在於注重技術和細節，短處在於不善於戰略思維。事實上，

日本長期以來所犯的錯誤就在於戰略管理不足，方向性研究不夠，而把大量的精力放在具體細節的管理上。日本過去 20 多年經濟低迷，根本原因也是在美國壓力下經濟體制和政策大戰略的連連失誤，從日元過快升值到過於寬鬆的貨幣政策、極度的財政擴張，步步被動。但這並不妨礙中國的企業、政府、學校和社會其他部門認真學習日本精細化管理的精髓。這種精細化管理的精神應該比具體的做法、具體的制度安排更加重要。

中國地大物博，但由於長期經濟發展水平低下，百姓習慣性地滿足於基本的生活條件，對於管理精細度的要求遠遠不如日本。同時，精細化管理的程度在中國內部也有所不同，南方沿海的大都市的精細化管理的程度就相對高於北方的大城市。

向日本學習精細化管理，應該成為中國持續向上，成長為經濟、軍事強國所補上的一門必修課，在這方面，日本是中國的老師。

（四）向德國學習精準調控市場經濟

德國的市場經濟體制是在第二次世界大戰後經過多年的演變而來，有着突出的特點。其最核心的因素是什麼呢？

2015 年，筆者與德國著名經濟學家、管理諮詢大師羅蘭·貝格（Roland Berger）一起編著了《中國經濟的未來之路：德國模式的中國借鑒》一書。總的說來，德國市場經濟最突出的特點就是，它充分意識到不受約束的市場經濟會帶來各種各樣的市場失靈，以及社會公平方面的問題，因此，必須對市場經濟進行精準調控。

德國的市場經濟體制，是在認真反思了第二次世界大戰期間魏瑪共和國那段痛苦的經歷之後提煉出來的。德國人從中所吸取的基本教訓，就是不受約束的市場經濟如洪水猛獸，會導致巨大的宏觀經濟波動，就好像沒有任何約束的民主制度會在政治上帶來災難一樣——當年，希特勒就是在缺少真正意義上的法治約束的民主體制下，充分利用民族主義情緒，誤導德國走向

了法西斯道路。

德國的市場經濟體制有一系列非常精準的調控體系。比如說在房地產行業，特別強調要對租房市場進行管理，既要保護投資建房出租的開發商，鼓勵他們建房出租，同時也要保護那些租房的房客，房東一般不能輕易加價，也不能輕易趕走房客。而對於貸款買房，德國政府則有一套極為謹慎的措施，不鼓勵家庭貿然貸款買房。又比如在遺產稅方面，德國稅收體制對於繼承前輩而持續經營的企業家網開一面——如果下一代能夠持續經營上輩傳下來的生產性企業超過十年，則遺產稅幾乎全部免除。也就是說，遺產稅是精心設計以保證德國家族企業基業常青的。

德國體制也精準地保護市場經濟中的弱勢群體。不可否認，市場經濟的確會給部分參與者帶來極大的不公平，這部分參與者既包括運氣不好出現事故導致殘疾、疾病的人群，也包括天生市場競爭意識不強、競爭能力有限的人群。對於這部分人，德國體制給予相當的寬容和充足的補助。20 世紀末 21 世紀初，在格哈德‧施羅德（Gerhard Schroder）總理的領導下，德國對社會福利政策進行了大刀闊斧的改革，把所有社會福利補貼統一在一個平台下精心運作，保證每一個需要援助的家庭能夠得到政府的一攬子援助，同時也鼓勵公眾相互監督，防止濫用福利現象。這樣既保證了公平，也提高了效率。

在德國，這種精準調控市場經濟缺陷的體制設計比比皆是。學習德國市場經濟的精髓，就是既要打破「市場經濟萬能」的迷信，也要打破「政府無所不能」的教條，實事求是地精準調控市場經濟所出現的問題。

中國經過了多年來的改革開放，無論是市場經濟的優勢與缺陷，還是政府的能力及限制，大家都已經看得很清楚，因此，特別需要學習德國的經驗。

總而言之，中國還有巨大的上升空間；在不斷進步的過程中，尤其需要認真學習全球優秀的大經濟體的模式精髓。美國式的開放、多元、包容，日本的精細化管理，以及德國精準調控市場經濟的各種措施和制度，應該是中

國經濟繼續向上發展所必修的三門功課。如果能認真研修這三門功課並不斷
實踐，中國一定能夠兼收並蓄，最終形成一個擁有自己獨特優勢，且在全球
範圍內具有巨大影響力的、特殊的、重要的大國。

二　從達沃斯看中國與世界的新常態

中國與世界的新常態下，一年一度的達沃斯世界經濟論壇 2015 年年
會，也呈現了比較突出的新特點，其中蘊含的意蘊值得回味及分析。

（一）地緣政治與文明的衝突改變世界格局

本屆年會的主題是「世界新格局」，地緣政治對世界格局的影響，是議
程中的重點。年會召開前，在巴黎出現的恐怖襲擊事件，又使得這一議題顯
得尤為重要。

在年會上，烏克蘭總統波羅申科、伊拉克總理阿巴迪以及美國國務卿
克里紛紛發言或者參與對話，他們談論的核心內容就是地緣政治以及如何應
對恐怖主義的攻擊。阿巴迪在大會發言中明確指出，當前中東的局勢極其複
雜，已經不能夠用簡單的文明衝突來描述，而已經演變為極端主義分子如
「伊斯蘭國」（IS）等組織與主流伊斯蘭社會的衝突。因此，穩定中東，同時
動員中東以外的印度尼西亞、馬來西亞等伊斯蘭國家主流政治勢力共同應對
穆斯林極端主義集團，是全球應對極端恐怖主義分子的一個重要舉措。

換句話來講，出現在巴黎街頭的恐怖襲擊事件，不能簡單地用西方與伊
斯蘭國家的對立來解釋和應對，德國出現的所謂「愛歐洲，西方反伊斯蘭化
運動」（PEGIDA），在我看來完全搞錯了方向。伊斯蘭國家內部的分歧可能
還大於伊斯蘭國家和西方國家的分歧，如果這個重點抓不住的話，那麼矛盾
將更加激化，恐怖主義事件不僅得不到控制，反而會不斷地蔓延。2015 年 1

月發生的日本人質在中東受害事件，我想也是反映了這一特點，因為從宗教上來講，日本與伊斯蘭世界的衝突並不是最直接的。

烏克蘭危機也已經沁入世界經濟論壇的許多話題中。我參加的一個早餐會，就是關於俄羅斯在經濟上如何應對烏克蘭危機的，參加者高達數百人，其規模之大、參會者之踴躍，在達沃斯的閉門早餐會中很少見。參會者包括來自以色列、南非、美國和俄羅斯等國的各方人士，俄羅斯的組織者希望從以色列和南非應對國際制裁的實例中獲得一些有益的經驗，但是其他國家參會者的基本觀點是，俄羅斯此輪危機屬「在劫難逃」，其經濟未來將可能會進一步下滑，但俄羅斯當局對於這一形勢的估計嚴重不足。我是會場上唯一來自中國的代表，在最後階段的發言中，我強烈建議俄羅斯政府必須加強與東方國家的經濟合作，以此來部分地緩解其經濟困境。

（二）中國的影響無處不在

總體上講，大會參與者對中國經濟發展的前景還是相對樂觀的。尤其是李克強總理在此輪年會最重要的黃金時刻發表的演講中有不少新意，他運用了參會者所熟悉的歐洲諺語、達沃斯的轉型經歷和「速度、平衡和勇氣」等滑雪的基本要領，來形容中國堅定推進經濟結構調整的決心，起到了非常好的溝通效果。

特別有意思的是，這一輪論壇上，參會者對於中國經濟發展的關注度逐漸被中國對世界經濟的影響所取代，因此，關於中國經濟本身的一些會議，比如我參加的中國經濟前景的午餐會上，參會者的討論並不如往年那麼熱烈，也許大家認為中國經濟的風險基本可控。但是在其他的討論會上，大家都會不自覺地討論中國經濟的問題。比如在印度經濟發展前景的討論會上，幾乎每個發言人都要講中國，中國成為印度發展改革最重要的標杆及驅動力。

順便說一下，從各種關於印度的探討以及與印度參會者的對話中，我得

出的基本結論是，印度的此輪改革有相當大的可能會成功。從參會者的各種反應來看，印度總理莫迪的確是一個比較有幹勁和執行力的改革者，而且，與當地傳統的政治精英不同，他是比較接地氣的，據說他更習慣於用印地語演講。從這一角度看，中國必須加強對印度的關注，中國企業家也應該多關注印度市場的發展。

（三）世界經濟格局的板塊化

達沃斯論壇召開期間，歐洲央行正式推出了量化寬鬆政策，在力度上還略微超出之前的預期，歐洲經濟正在出現重要的轉折。參會者基本的觀點是，量化寬鬆政策對歐洲經濟的恢復是有好處的，但是它也會帶來歐洲內部政治上的一些分裂。德國總理默克爾對歐洲央行的政策相當不滿，認為寬鬆政策走過了頭，會阻礙歐元區一些國家的改革進程。德國作為歐洲的老大，在寬鬆政策實行的過程中似乎並沒有起到應有的領導作用，而是在抱怨。

另外，很多參會者認為，歐洲和日本的央行在推行寬鬆政策，英國、美國的貨幣政策正在逐步收縮，而瑞士放棄了對外匯的管制，這一切將帶來國際外匯市場的匯率大波動。也許世界金融新常態的一個特點就是匯率的大規模波動，即美元作為最重要的國際貨幣，其走勢與其他主要國際貨幣將出現分離。在這個過程中，人民幣國際化事實上應該有很好的機遇，因為人民幣作為比較穩定的、影響力逐步上升的貨幣，能夠給各國投資者提供新的選擇。

2015 年，國際貨幣基金組織（IMF）討論是否把人民幣納入特別提款權的一籃子貨幣中。從各種實際情況來分析，人民幣理應成為 IMF 一籃子貨幣的組成部分，IMF 本身也非常支持這一改革，問題主要出在美國，屆時就看美國財政部有沒有度量允許人民幣加入一籃子貨幣。若其明確表示反對，這將向全世界表明美國單邊主義和霸權思維在延續。美國即使在這一問題上贏得勝利，也將失去作為世界經濟和金融領導者的威信。

　　世界經濟的新板塊由英美等短期內恢復較快的經濟體、俄羅斯等深受資源價格下降以及地緣政治影響的慢速增長的經濟體、歐洲這一逐步恢復的經濟體以及中國這樣仍然處於穩健上升態勢的經濟體組成，這就是世界經濟板塊化、多元化的最新格局。

（四）科技改變社會

　　此輪世界經濟論壇尤其關注科技對社會的影響，比爾·蓋茨夫婦在一個對話中特別強調用科技幫助落後地區脫貧。由於有了優良的作物種子如耐旱的玉米種子和低價疫苗的推廣，嬰兒死亡率、兒童夭折率大幅下降。他們特別強調，減貧的最大貢獻者是中國，並藉此表達了對中國持續發展前景的樂觀態度。比爾·蓋茨表示，過去 30 多年來，發達國家總是講中國這不行那不行，但事實總是證明他們錯了，中國在不斷發展。他認為，未來中國只要能保持 5% 的經濟增長，中國對世界經濟的貢獻包括減貧的貢獻仍然會是巨大的。

　　本屆論壇還專門請到了來自臉書、微軟、谷歌、沃達豐的老總暢談世界格局。他們的一個基本看法是，科技的發展在改變普通大眾參與政治的行為，未來政治將會更多考慮普通民眾的感受。

　　在另一個對話環節中，特別讓當時的我感到吃驚的是，在達沃斯的幾位專家與來自世界四個地方的年輕人通過視頻進行對話，效果非常好。來自馬德里、菲律賓、突尼斯的幾個年輕人與現場的資深專家形成了鮮明的反差，從年齡到觀點上都相當不同。由此我想到，再過幾年，世界經濟論壇的組織形式將有可能出現巨大的變化，那就是很多的討論環節將由場外的、分佈在世界各地的年輕人參與，世界經濟論壇將不再完全是一個精英聚集的所在，而有可能成為更包容年輕人、更具有廣泛代表性的討論世界經濟政治重大問題的盛會。

三　西方民族主義大回潮

2016 年，西方發達國家曾發生了一場政治經濟領域的變革。從 6 月 23 日英國全民公投結果決定「脫歐」，11 月 8 日特朗普贏得美國總統選舉，到 12 月 4 日意大利修憲公投失敗，都有體現。

（一）西方民族主義大回潮

我們應該如何看待西方這場變革的主題？就這個問題，2016 年 11 月初，我在一場公開論壇中請教了英國前首相戈登·布朗（James Gordon Brown），他的說法是西方民眾普遍對現實不滿，以至於對精英不滿。

在對話中我提出，西方正在出現一輪新型的民族主義浪潮。戈登·布朗對此表示認同。他表示，這股浪潮的核心是西方民族主義抬頭，是 1648 年威斯特伐利亞國際政治體系再次復興，即民族國家各自為政、互不干涉。西班牙、英國、美國，那個通過帝國霸權從而推動全球化的時代似乎正在遠去。

那麼，西方民族主義回潮，直接的矛頭會指向哪裏？正如西方學者所言，所有政治都是當地政治，西方民族主義浪潮的矛頭主要指向的是像希拉里·黛安·羅德姆·克林頓（Hillary Diane Rodham Clinton）這樣的本國政治精英。但是，攻擊本國政治精英背後的根本原因，是對過去多年來全球化浪潮的不滿。

美國前財政部長、哈佛大學前校長、著名經濟學家勞倫斯·亨利·薩默斯（Lawrence Henry Summers）在為總統候選人奧巴馬助選時曾明確指出，全球化似乎並沒有給美國人帶來想像中的那麼多好處，原因在於美國沒有能力補償在全球化中失意的低技能人口。不幸的是，儘管薩默斯這樣的精英在分析全球化的缺陷時口若懸河，但是那一次他卻完全沒有預料到特朗普

的勝利。2016 年 11 月 1 日，即美國大選的一周前，他在清華大學蘇世民書院的一場公開講座中信誓旦旦地說，儘管出現了美國聯邦調查局（FBI）對希拉里‧黛安‧羅德姆‧克林頓重啟調查的事件，但是希拉里的勝算仍然在 85% 以上。

這場西方民族主義政治浪潮的直接後果是什麼？在國際政治領域，西方發達國家很可能從國際事務包括國際治理中大規模撤退。美國將不太可能像過去一樣引領全球化的浪潮，相反，美國將會想方設法從全球化浪潮中尋找退路。

（二）積極推動中國特色新型全球化

那麼短期內，西方民族主義浪潮對中國有什麼負面的影響，從長期來看，中國應該怎麼應對？

從歷史來看，美國在第一次世界大戰與第二次世界大戰之間所推出的《斯姆特 — 霍利法案》（*The Smoot-Hawley Tariff Act*）引發了歐洲的貿易保護報復，從而直接引發了全球經濟大衰退，間接導致了希特拉的上台。這一慘重的教訓仍歷歷在目，美國社會諸多界別應該不會容許重蹈覆轍。

更重要的是，當今國際貿易比之於 90 年前已經變得極其複雜，全球各經濟體相互交織，彼此影響。所以，美國可能會針對一些對社會輿論有很大影響但對實體經濟影響較小的領域，採取若干貿易保護的措施，類似於輪胎特保案。總的來講，中國當前出口佔 GDP 的比重已經從金融危機前的 35%降到了 20% 多一點，而經常賬戶順差佔 GDP 的比重也從 2007 年的 8.8% 降到了 2016 年預期的 2.2%。因此，中國經濟對外的依賴度已經大幅下降，短期內西方民族主義、反全球化浪潮抬頭對中國經濟的影響並不會很大。

從長遠來看，中國應該緊緊抓住新一輪西方保守領導者掀起的民族主義浪潮，順勢而為，打出中國特色新型全球化大旗，成為新一輪全球化的領軍者。

具體說來，中國特色新型全球化應該有三大特點。

第一，中國特色新型全球化的主體，應該是一大批新興市場國家。中國應該緊緊抓住一大批新興市場國家，拉近與他們的貿易關係。他們是新型全球化最大的受益者，要想方設法與他們達成一輪多邊或雙邊貿易自由化協定，例如區域全面經濟夥伴關係協定（RCEP）和亞太自由貿易區（FTAAP）等。中國應積極同他們展開磋商，形成一個新興市場國家主導的全球一體化浪潮，以「農村包圍城市」的方法來應對發達國家反全球化的浪潮。

第二，中國特色新型全球化的受益者應該是普通大眾。這一點極為重要。與過去美國引領的傳統全球化不同，新型全球化應該強調其受益者是普通大眾，其重點是加強中低收入國家的基礎設施建設，加強勞動密集型產業投資，將中國一部分勞動密集型產業轉移到這些國家。同時，強調貿易與實體投資的一體化，而不是華爾街引領的金融投資的自由化和一體化。

第三，以「一帶一路」倡議為主要抓手。面向「一帶一路」倡議相關的地區、條件成熟的新興市場國家，有意識地逐步簽訂雙邊或者多邊的貿易投資一體化協定，以「一帶一路」倡議為紐帶，研究成立「一帶一路」開發銀行，利用好國際金融資源，加快推進「一帶一路」建設。

中國已經成為全球第二大對外投資國，也是世界最大的儲蓄國，自身的市場經濟體制具有較好的競爭能力和適應能力，完全有條件在西方民族主義回潮的過程中主動參與和推動經濟全球化進程；以新興市場國家為依托，逐步打造更緊密的經濟貿易合作關係，以此逐步提升中國負責任大國的形象。這正是當今世界西方民族主義回潮給中國帶來的重大國際發展的戰略機遇。

四　讀懂英國「脫歐」

英國 2016 年 6 月 23 日「脫歐」公投的結果，無疑讓原本逐步從國際金融危機中平復下來的世界經濟突然感受到新一輪的猛烈衝擊。有人將之類比

為貝爾斯登公司破產所引發的一系列金融波動；有人認為公投的威力相當於雷曼兄弟公司的破產，會讓世界重新進入衰退；某些美國金融家甚至預測，英國公投將使美國經濟陷入衰退，損失大約 20%～30%的 GDP，其威力超過 2008 年國際金融危機。

那麼，英國「脫歐」公投的本質是什麼？從英國公投到美國總統競選，有什麼共同的格局性要素值得我們反思呢？不妨用一個非常簡單的比喻來更直接地講述其中的奧祕。

設想在一個寧靜的村莊，住着幾百戶人家，他們過着自給自足的田園生活。漸漸地，村莊融入了外面的世界，於是，有的村民突然發現，自己的產品在村外極受歡迎，因此發了財；另一些村民則發覺，別的村子生產的產品比自己的好，因此自家產品賣不出去，經濟收入大幅下降了；還有一些原本種莊稼的村民發現，外面的糧食比自己種的更便宜，但是又不知道怎麼從種莊稼轉向種植外面所歡迎的農產品。這就是全球化對這個村莊帶來的衝擊。

如果把這個村莊作為一個整體來看，融入外面的世界毫無疑問是件大好事，因為村民們可以集中力量從事那些大市場所需要的產品的生產，那些自己原本不具有競爭力的產品就不去自產，而用比之前便宜的價格買來消費就行了，全村的總收入大幅提高了。但問題是苦樂不均，有很多必須放棄原本生活方式的居民會因此大感不爽、非常困惑。

與此同時，另一類人也極為不爽，那就是村委會的領導們。原來村子遇到大事，村主任和村委會開會拍板就可以定了；而現在不同了，村子融入了外面的世界，很多村內的事必須外面更大的領導說了算，比如說，你們村產品的衛生標準和產品質量是外面定的。另外，外村遇到了困難，咱們村也需要幫助，就如同我們村遇到了困難，外村也會出手相助一樣。所以，很多事是外面更大的社區領導說了算，本村的領導講話不如以前那麼靈了。

這就產生了兩類對大市場競爭、大經濟循環不滿的人群。一是那些習慣於自己拍板說了算的老幹部，或者有老幹部思維的年輕領導；二是那些自己產品賣不出去，又不知如何轉行的村民。這兩類人想到一塊兒去了，於

是，帶着舊思維的、想回到過去自己說了算時代的村主任建議，我們乾脆搞一次舉手表決，決定要不要回到過去小村寡民的幸福生活。最關鍵的細節在於，投票規則不是按照腰包錢數的多少，一塊錢投一票，而是一人一票，絕對的「大民主」。村主任的小算盤是通過這次民意測驗，看看有多少人反對咱們村融入外部經濟大循環。如果你們不同意，乾脆咱們關起門，村主任和村委會跟以前一樣自己拍板做決定。

投票的時機非常重要。最近，很多居民都很鬱悶，這在很大程度上是由於最近一段時間以來，外面整個的大市場正在經歷周期性的下降，而很多村民分不清，究竟是整個市場經濟的下滑還是自己參與大經濟循環所帶來的調整衝擊了自己的生計，總之一股腦的怨氣都歸咎於本村加入大市場的決策。於是，投票結果出來了：本村宣佈不加入外面大市場了，村領導繼續像以前一樣關起門拍板說了算。

打着小算盤的村幹部們，趁着村民的洶洶怨氣，藉着簡單民主的暴力，奪回了自己被剝奪的權力，這就是英國「脫歐」公投的本質。

說得學術化一點，就是在全球化競爭時代，一國的政府按理說應該積極進行收入再分配，讓大多數人都嚐到全球化的甜頭，同時加強公民教育和培訓，讓本地利益受損的那些村民們能夠提升自己的競爭力，更好地參與全球經濟大循環，但是村主任覺得做這些事兒很難，倒不如一氣之下拍板搞一個大民主，讓那些不明就裏的百姓產生找回昔日風光的幻覺。

英國「脫歐」公投本質上是民粹主義下所產生的民主的暴政與個別極其保守地想自己當家做主的精英分子不顧本國百姓長期的根本利益所謀劃的一場陽謀。這不是陰謀，而是人人都能看明白的陽謀。

這種故事在美國也有上演。美國前總統特朗普來自極右的精英階層，他們認為美國就是優秀的民族，擁有優異的體制，美國當前的問題，在他看來，就是因為美國的國門打開了，參與了國際競爭。因此，這批極右美國精英認為，我們關起門，我們不要移民，不搞自由貿易，我們玩得更好；美國的總統也不必顧及外面的想法，這樣的領導做得比以前更爽。這就是當今世

界在經濟衰退的情況下一大批利益受損的基層民眾與極端的右翼傾向分子所達成的一個政治同盟，這也是英國「脫歐」公投給我們的啟示。

在這種情況下，世界需要理性的聲音，需要一批具有長遠眼光的政治家。

英國「脫歐」公投所帶來的經濟市場的一片混亂，對相關的企業來說當然是非常不幸和痛苦的，但這種痛苦也恰恰是最好的教育，尤其是對那些不明就裏支持英國「脫歐」、想回到過去非全球化封閉時代的基層百姓，是最好的教育，讓其他有類似傾向的「村民」和「村幹部」們三思而行。

公投之後的英國，前景極不明朗。面對這種複雜的國際形勢，中國作為一個發展中的大國，必須認真做好預案，既要與脫離歐盟的英國政府保持密切的溝通，也要與歐盟方面保持密切的關係。

任何的世界波瀾都會為那些有準備有謀劃的國家提供發展的機遇，也會為那些沒有準備的匆忙應對者帶來重大的挑戰。中國作為一個發展中的國家應該屬第一類，應該能夠成為化繁為簡、化挑戰為機遇的國家。

五　重新讀懂美國

當今世界出現了百年未遇的格局變化，這是中國領導人對當前形勢的基本判斷。這百年未遇的格局變化中，關鍵的一點就是美國的行為突然出現了變化，一系列政策讓人摸不着頭腦：美國怎麼了？美國發生了什麼？我們從前所認識的美國是不是真正的美國？這不禁讓人想起 70 年前的一段往事。

（一）中國學界急需「新時代的《菊與刀》」

1941 年，太平洋戰爭爆發，美國對日本宣戰，正式捲入第二次世界大戰。美國情報當局急需了解日本的國民性，他們委託美國傑出的人類學家魯

思‧本尼迪克特（Ruth Benedict）撰寫了一份研究報告。這份報告對日本人看似非常矛盾的一些個性作了全面的分析：一方面，大和民族彬彬有禮、溫和馴服；另一方面，又表現出激進、狂野的尚武精神。

1946 年，這份研究報告的作者根據她給美國情報部門的報告出版了當今聞名的《菊與刀》（*The Chrysanthemum and the Sword*）一書，該書對美國理解日本以及處理日本戰後問題起到了關鍵性的作用。當今中國學界也急需一本「新時代的《菊與刀》」，用以理解什麼是真正的美國。

坦率地講，雖然中國的學者和精英階層中有不少人都在美國學習工作過，他們發自內心地認為自己是最了解美國的，可事實上，他們對美國的了解恐怕是極其片面的。因為，這批人（包括本人在內）絕大部分都是去美國讀書的，而且都是去美國的精英大學讀書的，他們的導師和同學都是美國社會中的精英之精英。以我本人為例，我在哈佛大學攻讀博士期間，幾乎所有的導師都是猶太人，都自稱為「改革的猶太人」（Reformed Jewish，意思是說，不虔誠地相信猶太教的猶太人）。畢業之後，我在美國的密歇根大學、斯坦福大學工作訪問，之後又經常和世界銀行、華爾街的各種機構打交道，接觸到的大多是美國的精英之精英，恐怕他們不能完全代表真正的美國人。

那麼，到底什麼是美國人？美國的國民性是怎樣的？

（二）美國的雙重國民性

必須承認，美國也有它非精英的一面，有它更為深遠的國民性的本源。哈佛大學已故政治學學者塞繆爾‧亨廷頓（Samuel P. Huntington，他本人也是猶太人），在他去世前的著作《我們是誰？——美國國家特性面臨的挑戰》（*Who are we? America's Great Debate*）一書中就這樣寫道：美國的國民性不是在 1775 年形成的，而是在 17 世紀初的最初幾批定居者來到北美時就形成了。這些最早來到北美的英國清教徒，他們不是殖民者，他們是定居者，他們不是代表英國來北美開疆拓土的，他們是逃離本土的宗教迫害來美國尋求

新的生存空間的，從那時起，美國的國民性就形成了。

那麼到底什麼是美國的國民性呢？從這個角度來看，美國的國民性可以歸納為兩條。

第一，他們是虔誠的新教徒，他們篤信上帝，有堅定的信仰。有人講300多年過去了，是不是美國的這個國民性已經改變了？不是，今天的美國在所有西方國家中教徒的比例是最高的，遠比歐洲高！周末去教堂人數的比例也是最高的，從這個意義上講，美國是真正繼承了新教傳統的國家。我們一般認為美國人是崇尚個性自由、崇尚思想解放的，這並不是真正的美國傳統，美國的傳統要回溯到17世紀初的那一批定居者。

美國國民性的第二條就是孤立主義。美國自身的地理位置和歐洲任何國家（包括英國）都不相同，它幅員遼闊，是一個大陸型國家，沒有多少鄰國（只有墨西哥和加拿大兩個鄰居），因此，美國人從建國之始就是崇尚孤立主義的。事實上，翻開美國的經濟史，自17世紀初定居者來到北美之後，在大部分時間裏，美國都處於閉關鎖國的狀態，沒有開疆拓土，沒有到海外殖民的衝動。美國第25任總統威廉·麥金萊（William Mckinley）曾經歷了極其痛苦的思想鬥爭，最後才決定出兵菲律賓，他曾這樣說：「我曾尋求幫助……在白宮的地板上踱來踱去，直到深夜……我曾不止一次跪在地上向萬能的上帝祈禱。最後，終於有一天晚上，我得到了上帝的聲音……那就是除了佔領菲律賓之外我們別無選擇。」這與當年英國到世界各地開疆拓土，擴大自己版圖在本質上是不同的。

19世紀初，美國著名的外交政策「門羅主義」，其本質就是看不慣英國和歐洲列強在世界各地建立殖民地，到處謀求勢力範圍的影響。稍微熟悉美國歷史的人都知道，第一次世界大戰中，美國試圖置身於爭議之外，第二次世界大戰爆發後，美國又採取同樣的策略，直到日本偷襲了珍珠港。有人講，日本偷襲珍珠港，是羅斯福總統的陽謀，就是要喚起美國普羅大眾的鬥志，找到理由參與世界大戰，這就是美國。當然，亨廷頓在他的書中所描述的是傳統的美國，他所擔憂的是美國這些定居者的文化被後來移民者——

尤其是從墨西哥來的移民者所破壞，一旦如此，美國將不復為過去的美國，美國將變色。

反觀中美歷史上的主要交往，從民國時代、抗戰時期到冷戰時期，都是在美國已經完成其國際主義戰勝清教徒的孤立主義情緒之後進行的，我們所熟悉的美國的種種表現，在美國的歷史長河中僅僅是短暫的一剎那，並不是美國的常態。我們熟悉的美國，是精英的美國，是國際主義的美國，是那些「改革的猶太人」（包括基辛格博士、布熱津斯基博士）所操控的美國。更為傳統的美國，是那個清教徒來到美洲定居時的美國，是塞繆爾·亨廷頓認為應該不忘初心、牢牢堅持的那個美國。

（三）重新讀懂美國，
從本質上探尋特朗普當時的想法

按照以上邏輯，我們應該重新讀懂美國。美國具有它的雙重性：既是那個新教徒式的，過着清貧的生活、安分守己、以自己的大陸土地為精神和物質家園的美國，也是那個精英主義的，試圖在全球範圍內擴張自己的勢力、傳播自己的理念的擴張主義、英雄主義、霸權主義的美國。這兩種特性在美國的歷史中是交互出現的，應該說，我們在特朗普執政時期所看到的美國，可能是恢復到了傳統的一面。

按照以上分析，我們應該從本質上讀懂特朗普代表的更為傳統的美國的想法。

首先，他未必是要把中國打倒，在這個問題上，他和班農以及美國國防部的一些高級官員的想法恐怕是不一樣的。他的想法就是要恢復到 21 世紀初以前的「偉大孤立」的美國，而不是在全球範圍內到處尋求影響大選、尋求擴張的美國。在這個問題上，中國的和平發展與他的基本想法並沒有根本的衝突，如果應對得當，也許可以被認為是中國和平發展的一個重要機遇。

第二，傳統的美國對中國的很多事情是不理解的，因為他們是帶着宗教

色彩的、有強大信仰的美國，他們不理解中國從西周以來不斷演化形成的儒家文化，更不理解陳寅恪先生所言「造極於趙宋之世」[1]的華夏文化。他們會認為，中國人沒有信仰，中國人是異己者。在這方面，我們必須下大功夫與那個傳統的美國進行溝通，要告訴他們這是個多元的世界，要告訴他們中國的儒家思想和基督教傳統並不矛盾，而且在很大程度上講，二者可以相互彌合、互相借鑒。

第三，傳統的美國更多的是關心美國本身的經濟情況和社會穩定，而不一定是要謀求阻擋中國經濟的發展，他們關心的是貿易順差和逆差，他們關心的是匯率、關稅等貿易問題。本質上，他們並不一定關心中國國內的經濟政策和經濟體制 —— 只要這些經濟政策和經濟體制不構成對美國企業和貿易的威脅。

因此，中國在當下要牢牢抓住貿易平衡這一關鍵，打破常規，採取一些謀求雙贏的具體舉措，以此來換取美國政府的信任。而美國政府的這種要求，也是那個傳統的美國社會能夠完全理解的，也是傳統社會的利益所在。

重新讀懂美國，這對於我們理解百年未有的世界格局的變化具有重要意義。中國當今這些與美國精英階層已經交往頻繁的知識階層必須重新學習。

1 　出自陳寅恪《鄧廣銘〈宋史職官志考正〉序》：「華夏民族之文化，歷數千載之演進，造極於趙宋之世。後漸衰微，終必復振。」

第二章

中國新角色

一　不斷學習與美國打交道

美國投資銀行家、前財政部長亨利・保爾森（Henry Merritt Paulson, Jr.）在他的回憶錄《與中國打交道》（*Dealing with China*）中，站在美國人的立場總結了與中國打交道的八條基本原則，其中第三條說的是「用一個聲音說話，而不讓中國方面感到很困惑」，第六條說的是「找到更多的方法說『是』，而不是說『不』」，以及第八條「依據中國的現實情況行事」……這些都體現了美國方面的頂級智慧。

但是後來，美國變了，早已忘記了這些基本的原則。

美國變了，這是當今世界正發生的百年未有之大變局的一個基本點，而中美關係的變化正是這場百年未有之大變局的核心。在此背景下，中國人實際上更需要一本《與美國打交道》「實戰手冊」，回歸本質，用更聰明、更有智慧的方式與美國打交道。

那麼，怎麼與美國打交道？我認為，首先要從了解美國國內政治運行機制和美國人的心態出發，在此拋磚引玉，提出三個顯而易見的觀察和分析。

第一，美國的國內事務永遠高於國際事務。翻開《紐約時報》或者是《華盛頓郵報》，這些在美國最國際化的日報，你會發現每天排在頭五條的重要新聞中，一般頂多兩條是關於國際事務的新聞，其中關於中國的新聞更是少之又少。而唯一全國流行的日報《今日美國》，更是如此。特別要注意的是，中國人極為關注的新聞，美國民眾根本不關心，比如說美國國會通過

了「台灣保證法」，這種新聞幾乎不會出現在美國的主流報紙中。

這說明了什麼呢？說明美國的百姓以及絕大部分的決策者以本國社會活動為最重要的關注點，即便是關心中美貿易摩擦，其出發點和落腳點仍是美國的利益。由此看來，在考慮問題時永遠是「美國第一」的前總統特朗普，在這方面並沒有任何的新意，只不過他的政策是極其短視的，而其他政治家可能更具有長遠的眼光。

與此相關的是，美國絕大部分的政客和媒體人對中國極其缺乏了解，即便是在中國如此重要的今天。這裏舉兩個例子。一個是 2005 年美國有兩個國會議員提出了人民幣匯率操縱的議案，當時他們就提出要對中國的出口產品加徵 27.5％的關稅。其始作俑者是來自紐約州的參議員查爾斯・舒默（Charles Ellis Schumer）和南卡羅來納州的林賽・格雷厄姆（Lindsey Graham），這兩位都沒有來過中國。那年有好事者請他們兩位來中國，第一站就到了清華大學的課堂，我在現場是點評者。在課堂上舒默公開說他是第一次離開北美，第一次拿護照。他可是來自紐約這個如此國際化地區的重要參議員，以前沒有離開過北美，令人咋舌。另一個例子是，2004 年我邀請了五位在國際輿論界極具影響力的西方包括新加坡人物來對話，其中就包括在美國新聞界堪稱教父級人物、天天在電視上發表評論的卡爾・伯恩斯坦（Carl Bernstein），他和鮑勃・伍德沃德（Bob Woodward）調查「水門事件」起始，最終扳倒了美國總統尼克遜。他遠比中國人熟知的經常評論中國問題的托馬斯・弗里德曼（Thomas L. Friedman）更有影響力，而他也是第一次來中國。交談中我們談到了中國台灣問題，他不無誇張地說：「台灣，台灣在哪裏？我早就把台灣忘記了，台灣跟我們有什麼相關？」這就是典型的美國人的心態。

結論是，必須要站在普通美國人的角度來考慮中美關係，才能真正地理解美國人想要什麼，想做什麼，不能只關心哈佛、耶魯、華盛頓特區的精英人士在想什麼，在說什麼。美國精英人士的影響力已經大打折扣了。美國的普通百姓之所以關心中國，主要是因為關心就業，他們擔心中國的發展，拿

走了美國人的工作，影響了他們的就業，至於中國消費品的價廉物美，相比於工作，遠遠沒那麼重要！他們實際上並不太關心中國的經濟總量到底是排名第幾，這種普通百姓的政治偏好最終還是要反映在美國政客的決策中。儘管在美國首都的政客往往把中國視為「頭號敵人」，但對普通百姓而言，這話並不成立。由一個選區十幾萬普通百姓每兩年選一次的眾議院更多地反映了美國的這種心態，所以在歷史上美國國會兩次推翻了總統在國際舞台上長袖善舞博來的利益，一個是在 1944 年布雷頓森林會議中談出的國際貿易組織（ITO），另一個是第一次世界大戰結束後 1920 年美國總統威爾遜提出並主導成立的國際聯盟。

已故的美國哈佛大學政治學教授塞繆爾・亨廷頓在去世前的最後一本暢銷書《我們是誰？──美國國家特性面臨的挑戰》中明確指出，美國的國民性是在 17 世紀初清教徒移民到新大陸時形成的。美國這個三面環海、只有兩個鄰國、普通百姓一生不出國都可以快快樂樂活一生的國家，其民眾心態比起其他大國都更加地內向，更關注國內的事務。這告訴我們，在和美國打交道時一定要把美國普羅大眾關心什麼、想要什麼牢牢地放在心中。要跟美國民眾講清楚，中國的發展同樣幫助美國創造了就業，比如，中國是通用汽車在全球最大的市場，且很多年都是除北美之外的第一大利潤來源地，在中國的運行給通用汽車帶來了大量的利潤，這個利潤保證了通用汽車在美國國內不解僱工人，幫助它背負起沉重的退休工人負擔，渡過金融危機的難關，重回股票市場。

第二，美國社會永遠是多元化的，而總統往往是少數派，其決策經常是備受攻擊，總統的觀點代表不了全體美國人。我們習慣於把美國總統的決策當成全體美國人的決策，代表了國家意志，因此發動我們全部的能量，包括輿論能力，炮轟美國行政當局的決策。而現實卻往往並不是如此，現實中美國總統所受的壓力更多來自國內，總統最大的對立面是國內政敵，而不是中國政府，因為美國是總統制，而不是議會制，所以總統和國會往往是分裂的，參、眾兩院和美國總統的關係常常是水火不相容的。因此，我們絕對不

能把美國看成鐵板一塊，相反，應該積極識別、努力爭取美國潛在的對中國友好的群體。

從中美關係的各類利益相關者來看，美國跨國公司和知識階層曾經是最支持中美關係發展的。現在他們在一些重大方面發生動搖，但這並不意味着已經覆水難收。相反，我們應該下大功夫，爭取跨國公司、華爾街以及東西海岸高科技行業、各大學的精英人士對中美關係的支持。以「華為案」為例，事實上，美國包括半導體行業在內的高科技行業不支持美國政府關於制裁華為的決策，因為他們心知肚明，從短期來看，這將導致企業利潤下跌甚至經營困難，因為該政策將至少影響他們 1/3 的業務量；而從長期來看，他們將喪失從中國發展中獲利的戰略機遇，因為該政策將打破這些高科技公司長期和中國「利益捆綁」的戰略格局，很可能促使中國創造出自己的高科技生態。

又如，美國有些政客和意見領袖，例如班農以及達拉斯獨行俠籃球俱樂部的老闆庫班，一直在叫囂要把中國的公司從華爾街踢出去。但是，這絕對是個餿主意。事實上，中國企業去華爾街上市，對華爾街而言極其重要。正因為有了阿里、京東等中國高科技企業在美國上市，才讓美國投資者可以分享中國發展帶來的紅利和增值。更重要的是，這是美國金融業能夠持續稱霸世界的根基，是以美元計價的金融資產不斷發展壯大、保障美元第一大國際貨幣地位的關鍵。因此，班農和庫班等人的叫囂頂多相當於球迷瞎評球。

再如，美國各大學，尤其是研究型大學，需要優秀的中國學生持續不斷地輸入其大學體系，參與他們的科研，並帶來不菲的學費。所以，實際上，美國大學堅決反對美國政府針對中國留學生和中國學者的這種風聲鶴唳的、麥卡錫主義的調查。

總之，華爾街的投資機構，還有當前東西海岸的高科技行業以及大學，事實上可以成為中美關係的重要穩定器。中方必須堅定不移地加強與這些社會群體的聯繫，考慮他們的關切，這比我們發動輿論攻勢要有效得多！比如，針對美國的跨國公司，必須講明白中國下一步開放的重點對象就是它們，但前提是美國必須放棄貿易保護政策。總之，我們一定要理解，美國絕

對不是鐵板一塊，白宮的極端措施所代表的只是情緒化的、狹隘的民族主義，而非整個美國。

第三，美國政治本質上是一場場法律博弈。以當初特朗普要求在美國和墨西哥邊境修安全牆為例，他找到一個法律漏洞，即總統可以宣佈國家緊急狀態法，繞過預算限制。國會議員明知總統鑽了法律的空子，卻有苦難言，因為，如果他們否決這一預算案、挑戰國家緊急狀態法，總統有權否決國會，而國會又無法動員 2/3 以上的議員再否決總統。國會怎麼辦呢？民主黨人拿起法律的武器跟他鬥爭。北加州一位聯邦法官直接判決國家緊急狀態法違反美國憲法、不具有法律效力。總統對此十分惱火，到處說該法官原係奧巴馬任命、故意掣肘。但是，不管總統如何抱怨，他必須按照遊戲規則辦事。

按照此理，當初特朗普把華為列為國家安全威脅和受監控對象，同時又聲稱華為是中美貿易談判的「籌碼」，無疑自相矛盾。中國的企業必須充分利用美國的相關法律法規周旋。例如，必須找準特別反感這一做法、又對科技公司和科技行業發展比較了解的聯邦法官，在其轄區發起針對華為政策的訴訟。這當然需要認真做好功課，必須找到美國頂尖的律師團隊。

特別重要的是，與美國談判，包括中美政府談判，本質上是與美國律師談判，必須知己知彼，以其道還治其身。以法律為基礎的美國政治運行機制使得律師發揮着舉足輕重的作用，律師文化是深入到美國每一項政治運作中的，包括對外談判。談判中，律師的破壞力往往大於建設力，因為律師是把絕大部分精力放在「如果你不按合同辦，我該怎麼辦」這類問題上，而不是「咱們一起頭腦風暴一下，找到第三個方案」。事實上，那時負責中美貿易談判的美方首席代表羅伯特・萊特希澤（Robert Lighthizer）就是律師出身。跟美國的律師談判，要按照他們的思路和打法來與之周旋。首先，一上來就得「劃紅線」，講明哪些事情堅決不能談、剩下哪些事情可以談；第二，「步步為營」，一步一步往前走；第三，反覆講明談不成對對方和己方分別有何傷害。寧肯沒有成果，也不可原則讓步，一旦確定原則，就要認真抓住不

放。知己知彼的前提是必須在外圍僱傭美國頂級律師作為顧問。美國頂級律師的職業操守是一流的，職業信譽高於一切，超越國界，不該透露的信息絕不會透露。

　　總之，美國變了，今日的中美關係隨之正在發生根本性的變化。在這種情況下，我們需要反覆回歸基本點，重新深入地了解美國，要學會站在美國的立場考慮中美關係，更要熟悉美國政治運作的遊戲規則。古人講「知己知彼，百戰不殆」，這就是當今世界「百年未有之大變局」的一個重要思考點。

二　積極有效應對中美關係新時代

　　進入 2018 年以來，中美關係出現了一些極為複雜的變化。這些變化，客觀地講都是美方單邊挑起的。那麼，如何看待這些變化？中美關係是否會像很多人 —— 比如美國哈佛大學的格雷厄姆・艾利森（Graham Allison）教授所說的，將陷入全面對抗的「修昔底德陷阱」（Thucydide's Trap）？中美此輪的貿易糾紛將最有可能以什麼形式展開，將如何演變，最終出現什麼樣的結局？中國相關的產業 —— 比如高科技和製造業，將會受到怎樣的影響？

（一）中美關係不可能陷入
「修昔底德陷阱」的根本原因

　　對於中美關係，我們應該有一個非常客觀和清醒的判斷，而其中最根本也最重要的基點在於中美雙方的訴求不同：未來中國的發展目標，並不是像美國所想像的那樣，要變成今天的美國。中國的領導人，無論在中共十九大報告，還是各種國際場合，包括達沃斯世界經濟論壇、博鰲亞洲論壇以及聯合國的各種講話中都反覆強調，中國堅決維護現有的國際秩序，絕不另起爐灶，中國要堅定地按照世界歷史發展的邏輯前進，世界歷史發展的潮流就是

和平與發展，就是開放與融通，更具體地講，中國並不像西方那樣謀求在軍事上的統治力和影響力。

　　儘管中國的戰略目標與當年的歐洲、今天的美國完全不同，但仍然總是有人問，將來中國強大了，會不會變？會不會像今天的美國一樣，在世界各地投放軍事力量，投射外交影響力，尋求政治代理人？可以說，這絕不是中國未來發展的前景，中國獨特的文化傳統和當前的治理體制都是很難在其他地區簡單複製的。

　　從文化傳統上講，中國人骨子裏追求的是「和而不同」，而西方文化以基督教、猶太教為基礎，講的是「信仰」，信奉唯一的上帝，要求其他地區的人民也要追求同樣的信仰，所以在拉丁美洲國家，當時的做法就是信教的百姓可以不交稅，不信教的百姓財產甚至生命安全都難以得到保障，這種強大的信仰的力量跟中國是完全不同的。

　　與此密切相關的，是中國老百姓有着根深蒂固的「家」的概念。歷史上，華僑流落在世界各地往往是出於生活所迫，而他們在海外發展成功之後，最後還是要衣錦還鄉。與此形成對比的是西方國家更追求「和而相同」。塞西爾·羅德（Cecil John Rhodes）獨霸非洲南邊的羅德西亞（今天的津巴布韋），從事的業務是鑽石開採，他終身未娶，去世之前，他把自己所有的遺產都捐給了牛津大學，設立了「羅德獎學金」。他的理想就是把前英國殖民地的年輕學子集中在牛津學習，以西方的理念和價值觀影響他們自己的國家。這是最典型的西方人飛黃騰達之後的心態。中國的文化和傳統顯然不是如此，中國即使在最輝煌的歷史時期也沒有進行過跨越海洋領土和宗教信仰的擴張。

　　當下，中國領導人所提出的「兩個一百年」奮鬥目標，歸根結底就是領土的完整和社會經濟的繁榮，以及由此帶來的百姓生活條件的改善。經濟的繁榮本身並不是零和遊戲，中國經濟的發展能夠帶來全球共贏的局面。而中國領土完整的訴求是非常明確的，邊界也是非常清晰的，主要就是要解決台灣問題以及南海和釣魚島問題，這些要求和美國的核心利益並不構成最本質

的衝突，畢竟中國與美國遠隔萬里的太平洋，在地緣政治方面也可能是全球相距最遠的兩個大國。

（二）此輪中美之間的貿易爭端將如何演進？

這一輪貿易爭端的導火索毫無疑問就是特朗普當選美國總統。作為一個民粹主義的、商人出身的總統，特朗普在貿易問題上挑起與中國的爭端其實並不奇怪，早在 2017 年年底，中國領導人對此就已經有了非常明確的思想準備。

我們再仔細分析，美國當時最核心的利益、最大的痛點，並不是它的高科技企業優勢不再，也不是它宏觀經濟的下滑。事實上，美國如今在高科技領域，相對中國仍具有全面的壓倒性優勢，美國的宏觀經濟也正處於歷史上非常好的時期 —— 2018 年年底，美國的失業率降到了 3.7%，而且還在持續下降。

目前美國最大的痛點，就是有一大批過去經濟興旺發達、現在極其凋敝的城市地區 —— 最典型的就是底特律。我曾經在底特律郊區的密歇根大學執教多年，最近又帶着全家開車重回底特律城裏，看到的圖景基本可以用「核戰爭之後的戰爭廢墟」來形容，極其悲涼。如何振興美國這些像底特律一樣地區的經濟，這實際上是總統，也是所有美國人民最想解決的問題。當然，硅谷希望在高科技領域永遠保持絕對的領先，但這不是總統核心的政治訴求。

在振興美國傳統製造業、解決底特律問題上，中國實際上是可以提供幫助的，因為中國擁有一個龐大的、迅速發展的消費市場，美國在很多製造業產品的生產上仍然具有優勢，比如說，美國對中國的汽車出口還有巨大的增長潛力，可以考慮投資建成多條生產線，增加 100 萬到 200 萬輛的汽車產能，由此帶來 10 萬新增就業。這些產品中國的市場都能夠消化 —— 中國每年的汽車銷售量在 3000 萬輛左右，再增加 200 萬輛美國汽車完全沒有問

題。按照每輛汽車 2.5 萬美元（換算到中國相當於零售價 15 萬元左右的中高端車型）的出口價格計算，每年就可以減少美國對中國 500 億美元的貿易逆差。這是一個非常大的數字，將超過美國對中國的大豆出口。

在中美貿易談判的關鍵時刻，中興通訊被美國商務部重罰絕不是巧合，一定是美國政府精心策劃的一次重大的威脅，這也是談判的一部分。在中國方面，儘管我們在高科技領域沒有優勢，但是必須看到，美國這一輪的挑釁，是對全球生產鏈和供應鏈的一次挑釁。中國雖然在很多領域沒有完全掌握核心技術，但是中國作為世界生產鏈的重要組成部分，在其他的領域，完全可以針對美國提出有效的回應和威脅。比如說可以根據中國目前的法律和管理條例，對幾乎是在中國獨家生產的蘋果手機、蘋果電腦等產品進行懲罰，以此反擊美國對中興通訊無理的制裁。

總的來講，當前中國經濟的回暖超過社會預期，也超過要實現「到 2020 年，全面建成小康社會」以及「到 2035 年，基本實現社會主義現代化」目標的增長要求。因此，中國在經濟領域完全得得起貿易摩擦。必須清楚地看到，美國面臨的是短期選舉，目標是短期的，中國的目標是中長期的，因此綜合來看，如果打貿易摩擦的話，中國政治上扛得起，美國競選扛不起。

根據這一系列的分析，應該說中美之間完全有可能達成一個雙方都比較滿意的、最後是雙贏的協議。貿易摩擦的最終結果應該是維護當前全球化的格局，維持全球市場供應鏈的平穩運行。同時，中美也會彼此照顧對方的利益：中國支持美國重點地區的產業振興，中國在經濟和非經濟領域關心的重大問題，也得到美國方面的支持。

（三）這一輪貿易摩擦對中國戰略性新興產業的影響

必須看到的是，當前中國經濟正處於迅速趕超過程，從結構上講，中國的產業佈局基本完成。中國的人才力量，包括年輕的工程師資源極其豐富，

政府對科技創新的支持也更為積極主動，因此，中國產業升級的大圖像不會改變。但經過這一輪的貿易摩擦，中國扶持科技產業發展的策略很可能會有所改變，比如說，對科技創新的項目支持可能會更加開放，可能支持一些外資企業在中國研發新技術 —— 外資企業只要是在中國研發、只要在研發過程中和中國企業緊密配合，都能得到政府的支持。

當前，中國企業在一些利潤很高的產業已經出現了全面趕超的態勢，比如說汽車行業的運動型實用汽車（SUV）、中低端家用轎車領域，中國的自主品牌不但銷量迅速上升，市場份額也在不斷擴大。有理由相信，在芯片和芯片加工等領域，中國在不久的將來也會取得長足進步，因為這些行業的利潤非常高，但前期投入比較大，而前期投入所需的資金中國總體上是不缺的。

最具有不確定性，也最需要社會各界共同努力的，是對一些表面上看沒有盈利點的技術平台的建設，比如說操作系統的建設、網絡協議方面中國標準的提出。這種工作，短期來看單個公司並沒有明顯的盈利點，但對整個信息科技產業的發展卻起着最基礎的支撐作用，也是中國產業升級過程中最大的難點。因為我們畢竟是後來者，在操作系統問題上，蘋果系統、微軟系統、安卓系統已經形成了「三足鼎立」的格局，中國能否誕生一個新系統，有巨大的不確定性。也有人講，未來微信就是一個操作系統，每次我們打開手機，第一個界面就是微信，所有的程序都要以微信為入口，比如使用共享單車、訂餐，這也許是個方向，但是現在看來還不明朗，需要各方共同的努力。在這個問題上，中國的互聯網巨頭，尤其是「BAT 系」有着不可推卸的社會責任，這些企業的發展必須和解決社會的痛點、破解國家的難題相結合。

我相信，由於中國目前市場巨大、人才聚集、資金充足，中國的高新科技產業在不久的將來一定能夠形成一個與美國既相互合作又相互競爭的局面。這對全世界而言也是一個巨大的福利，全世界不能只依靠美國一家搞高科技，多一家競爭，多一個選擇，對世界各國人民，包括中美人民，都有好

處。這就好比電腦的操作系統只有微軟、沒有蘋果的話，相信用戶的體驗將會大幅下降。

總之，我們進入了一個中美全面競爭的新時代，如何應對這一新的挑戰，對兩國領導者和兩國人民都是重大考驗。

三　合理應對中美貿易摩擦應避開三大低級誤區

當前中美貿易摩擦仍然處於膠着的狀態，具有很強的不確定性，各種信息瞬息萬變，攪動着投資者和普通民眾的心，引發普遍焦慮。美國政府慣於釋放各種彼此矛盾的信息和紛繁複雜的信號，時而咄咄逼人、極端施壓、一意孤行，時而態度緩和、積極準備談判。對此，中國民眾應該保持理性，尤其要注意防範三大低級誤區。

（一）誤區一：美國政府 = 美國

第一大誤區是簡單地認為美國政府就是整個美國，把美國政府與美國人民混為一談，對美國各階層民眾不加區分，把反對美國政府的具體政策升級為與美國整體的對立。這無疑是個低級錯誤，我們需要保持清醒，絕不可在這一點上犯錯。

我們必須看到，美國政府在許多問題，尤其是對華政策上，不能夠完全代表美國各階層民眾的利益。總體上講，美國的絕大多數民眾對中國是友好的，他們是從中美貿易中獲得了實惠，並願意持續推動中美貿易乃至整個中美關係的發展。這其中至少包括三類不同的利益集團。

第一類利益集團就是我們熟知的、傳統的「國際主義精英」，他們旗幟

鮮明主張國際主義，強調全球化對世界都有好處，但堅持應由美國創造和主導全球化規則和進程。其代表人物是亨利·艾爾弗雷德·基辛格（Henry Alfred Kissinger）、本·伯南克（Ben Shalom Bernanke）、勞倫斯·亨利·薩默斯（Lawrence Henry Summers）、亨利·保爾森（Henry Merritt Paulson）等。他們希望中美在美國所創造和維護的全球化制度下深化合作，但着眼點主要是美國本身的利益。總體上講，他們認為中美應該合作，希望中美通過談判達成協議。

第二類利益集團是普通民眾，是美國人數最多的利益群體，他們對中國乃至整個世界事務都缺乏了解，只關心自己的工作、收入以及消費。在該類人群中，絕大部分民眾是從中美經貿關係乃至整個中美合作關係中受益的。例如，他們所工作的公司在中美貿易中獲得盈利，這些利潤部分地轉化為員工收入，提升了員工的生活水平。一個典型案例是通用汽車公司，長期以來，該公司的主要利潤來源是與上汽集團在上海的合作。2008 年全球金融危機爆發後，通用汽車曾遭遇嚴重困境、退市、破產，但經過重組，2010年得以重返華爾街，其中一個關鍵因素就是通用汽車在全球尤其是在中國市場的盈利能力和發展前景得到了投資者認可。在這個意義上，中美經貿合作挽救了通用汽車，也保障了其員工的正常收入和生活。另外，這一類人群也從中國出口到美國的物美價廉的消費品中獲利，中美貿易使得他們能夠以更低的價格購買電冰箱、電風扇、衣帽玩具等日常用品。

第三類利益集團是那些強硬的軍工聯合體的代表。他們出於局部的利益，認為中國是美國在戰略上的敵人，因此美國必須擴大軍費開支、強化軍事建設、在中國周邊佈局更多的軍事力量，以遏制中國。坦率地說，該類人群的利益與美國整體的利益是不一致的，他們絕對代表不了美國人民的根本利益。

總之，我們要看到，美國政府的政策是以上三類利益群體博弈的結果。有時，第一類和第二類群體的利益代表佔據主導，中美合作就得以持續推進，而某個時期以來，可能第三類群體的利益代表佔了上風，中美衝突就有所加重。但是無論如何，我們不能泛化對美國政府的批評，把對美國政府具

體政策的批評擴大成對整個美國社會的批評甚至與美國整體的對立，這會讓我們喪失反制措施的針對性，影響我們政治分析和決策的精準度，對我們合理應對美國政府的對華貿易政策非常不利。

（二）誤區二：
凡是美國要求的都是對我們不利的簡單思維

第二個低級的誤區就是認為凡是美國要求的我們就應該反對，凡是美國反對的，我們就要擁護。這種簡單的非黑即白、你輸我贏的思維是有害的。事實上，在很多問題尤其是經貿問題上，我們先不要管美國人要什麼，而是應該首先搞清楚中國經濟自己需要什麼。我們要清醒地認識到中國經濟必須高質量發展，必須創新升級，因此改革開放必須繼續前進。

我們要認識到知識產權保護必須進一步加強，這對於通過創新來提升我們的整體經濟活力是至關重要的；法治建設也必須要加強，這對於包括股票市場在內的各種市場的運作是至關重要的；國有企業的改革也必須前進，截至 2017 年年底高達 183.5 萬億元、相當於 GDP 兩倍規模的國有資產必須提高經營效率，國有企業的內部機制必須按照經濟規律加以改造，這些都是我們自己所需要的。

美國方面的訴求可以總結為兩個層面。第一層是美國人急於干涉、急於求成、頤指氣使、咄咄逼人，這種態度和做派是中國絕不接受的。在這個層面上，對於美國的不合理要求，對於美國粗暴干涉我國內政的做法，要堅決地予以回應和拒絕。

第二層是美國要求中國方面做出的一些具體改變，其中一些在一定程度上與中國自身確立的改革方向是一致的。我們必須清醒地認識到，許多方面是符合中國長遠發展利益的，絕不能因為是美國人提出的要求，我們就盲目反對。這就意味着我們要把美國的談判方式和具體談判要求進行區分，要把美國人那種律師思維、干涉他國內政、將本國法律條文和執行方式強加給

外國的態度與美國實際提出的要求區分開來，不能機械地認為和美國無法談判、無法協商。

（三）誤區三：
抵制美國的一切，停止學習可以為我所用的優點

第三個誤區是因美國政府的強硬對華政策而抵制美國的一切，不再虛心學習美國很多方面的優點。我們在民族復興的道路上繼續前進，必須要虛心學習世界各國的長處。美國是當今世界的第一強國，它之所以成為強國，一定有值得我們學習的獨到之處，絕不能因為美國部分人士把中國當作戰略對手而加以遏制，或把我們當作學生頤指氣使，就盲目地否定美國的一切。

具體而言，美國及美國民眾的以下特點值得我們學習借鑒。

首先，美國人民積極樂觀的心態特別值得我們學習。比如說，美國很多球迷都堅定支持自己喜歡的球隊，但不同球隊的「鐵粉」之間很少打架鬧事。若某一場比賽甚至某一賽季自己的球隊表現不佳，球迷也仍然不棄不離，承認比賽結果，不找藉口，鼓勵球隊尋找問題、繼續前進。最典型的例子是，美國職業棒球聯盟中的波士頓紅襪隊在將近 100 年的時間裏有 90 多年得不到冠軍，但紅襪隊的球迷卻以可愛、忠誠而聞名全國，其中不乏哈佛以及麻省理工學院的教授。

第二，美國民眾包容、尊重多元性的文化特質也值得我們學習。美國是一個多民族、多文化的國家，素有「大熔爐」之稱。總體而言，自建國以來，美國社會對多元文化的包容程度不斷提升，美國民眾大多尊重他人的先天特質與人生選擇，能夠與「不同於己者」和諧共事。正因如此，不同膚色、不同民族、不同個性、不同性取向的人都能享有相對穩定、心情舒暢的生活，在工作崗位上發揮自己的聰明才智。對多元性的包容與尊重，是創新進步最基本、最重要的土壤。

第三，總體而言，美國民眾尊重法律、尊重規則。儘管許多民眾對總統

的很多行為嗤之以鼻，但總統畢竟是民選產生，是美國政治制度的產物，因此，美國民眾服從其執政，不會違法衝擊白宮、衝擊移民局。美國民眾更認可通過法律途徑解決與總統的紛爭，他們支持律師在巡迴法院、聯邦最高法院對總統的行政命令提起訴訟，以此糾正總統的不當做法。美國民眾的這種規則意識、法律意識往往不被外界所理解。許多人認為美國是一個終極自由社會，人民可以為所欲為，但事實並非如此。

同樣的，中國也可以向日本、德國、英國等不同國家虛心學習。我們可以學習日本人的精細化管理精神，孜孜不倦幾十年如一日把「小事」做好做精。我們可以學習德國人的嚴謹性和紀律性、理性思維與長遠目光。我們可以學習英國人實事求是、明察形勢的機敏 —— 總體而言，過去 500 年英國沒有在國際戰略上犯任何重大錯誤，這種國際政治運作能力值得我們學習。同時，我們也應學習英國人在社會科學尤其是經濟學領域分析現實、提煉理論的話語能力。英國是現代經濟學的起源地，至今英國仍然是最擅長活用經濟學乃至整個社會科學思維的國家之一。

在中美貿易摩擦日益複雜甚至出現升級跡象的國際環境中，我們應更加虛心地向世界各國學習。唯有如此，中國才能戰勝當前困難、繼續前進，實現中華民族偉大復興的夢想。

四　從達沃斯看中國的新角色

每年一度在瑞士達沃斯舉行的世界經濟論壇年會都是窺視世界格局變遷的重要窗口，2017 年 1 月的達沃斯論壇尤其如此，其很可能成為折射未來世界經濟變局的一個里程碑式的重要會議。

在這次會議上，中國國家主席習近平高屋建瓴地闡述了中國對當今世界一系列重大問題的看法，尤其是提出「當今世界經濟增長、治理、發展模式存在必須解決的問題」，「我們既要有分析問題的智慧，更要有採取行動的

勇氣」[1]，必須務實地推進全球化，而不是開倒車。這吹響了中國風格的新型全球化的號角，明確樹立了中國作為全球治理和全球化新領軍者的定位。

與此形成鮮明對比的是，與會者對整個西方國家未來一段時間政治經濟格局變遷的分析偏於悲觀，由此可以得出的結論是，西方正在逐步從全球化進程以及全球治理領導者的地位上全面退出，並將各自為戰，進入一個比較混亂的發展時期。這對中國而言意味着新的領導機遇。

（一）美國獨大時代的終結

達沃斯論壇上，歐亞集團總裁、國際政治學者伊恩·布雷默（Ian Bremmer）鮮明地指出，特朗普彼時的上台與其說反映了美國民眾對現實的不滿，倒不如說更深刻地反映了美國已經告別其全球絕對老大的地位。

他指出，特朗普一再批判克林頓、小布什以及奧巴馬的一系列執政的錯誤，其實僅僅在於他想批判他們的政策導致了美國相對地位的衰落，美國再也不是那個一國坐大、一言九鼎的大國了。美國相對地位的下降，給民眾包括精英人士帶來了種種衝擊。比如說，美國已經不可能以一己之力主導中東政治格局，美國也不可能在國際貿易問題上說一不二了。這就導致了美國全體國民的失落。因此，從本質上講，美國必須接受它作為多元化全球體系一員的歷史新地位。

（二）特朗普代表不了民眾意志，
其執政的基礎極其不穩

很多參會者指出，特朗普並不是一個真正代表大多數美國民眾意志的總統；相反，他是陰差陽錯藉着一股巧勁兒上台的。事實上，特朗普在美國大

1　《習近平談治國理政》第二卷，外文出版社 2017 年版，第 480 頁。

選中並沒有得到絕大多數選民的支持，其大選總票數是輸給希拉里的，他某種程度上是利用了美國中西部兩個州以及賓夕法尼亞這一東部州部分白人工人的不滿，鑽了美國選舉制度的「空子」才上台的。因此，彼時特朗普的上台，跟當年列根和撒切爾夫人上台的背景完全不同，其事實上導致了美國政治的分裂而不是團結。

果不其然，達沃斯論壇之後，在美國新總統宣誓就職之時，全美國乃至世界各地出現了幾百萬人的抗議大遊行。這是一個分裂的時代，而不是一個一致向前進的時代。

在政治運作層面，這可能意味着國會許多議員不願與白宮合作，因為他們擔心本選區百姓對白宮的反感從而影響自己的連任。

（三）特朗普政府的行政能力備受質疑

在達沃斯不同分會場上，參會者紛紛議論，特朗普政府的行政能力可能非常值得懷疑。很多經濟學者指出，特朗普政府沒有富有經濟政策經驗的經濟學者做後盾，這跟列根時代完全不同。當年，列根時代的「供給學派」受到美國哈佛大學教授馬丁·費爾德斯坦（Martin Feldstein）等學者支持，而特朗普政府內部沒有一個訓練有素的經濟學家。

與嚴肅學者形成鮮明對比的是，在達沃斯有一位特朗普團隊的「大腕」，戴着墨鏡，隨員、記者前呼後擁，來往於各個分論壇，他叫安東尼·斯卡拉穆奇（Anthony Scaramucci）。他和我在一個討論全球貨幣政策何去何從的公開論壇上同台，並無特別觀點。會後一查，才發現此兄是法學院畢業，高盛投資銀行原高管，後來創辦自己的資產管理公司，是典型的華爾街人士。

另外，特朗普政府缺乏富有行政經驗的前政府官員，其成員多為大企業和高盛公司的前任高管以及退休將軍，他們可能並不精通政府和國會運作的方式，這可能導致特朗普政府執政早期遇到很多困難，舉步維艱。

綜合以上分析，不僅特朗普政府執政的民意基礎非常不穩，其政策制定

和實施過程也可能極其困難。但是特朗普本人是極其高調、唯恐沒有爭議的政客，因此，特朗普政府很可能在傳統的政策制定的戰場上屢戰屢敗，而特朗普很可能在四面碰壁的情況下，不按常理出牌。中國方面必須做好思想準備加以應對。

（四）中國應高舉新型全球化大旗，堅定信心，沉着、務實應對新變化

面對美國政府的種種挑釁和政策衝擊，中國方面一定要堅持大局、正面回應，不與其在低層次輿論戰上過分周旋，而應該沉着應對，分清其虛招和實招，不過分回應，同時在核心環節抓住其軟肋，例如其與包括高盛在內的美國大企業關係密切，中國可以盯緊美國若干有國際影響力的大企業，加強與它們的溝通，做好它們的工作，讓它們明白開全球化的倒車對美國經濟不利，對美國大公司尤為不利。

全球已經進入一個以美國為代表的西方國家相對回縮、中國在國際治理和全球化方面大步向前的新時代。2017 年的達沃斯論壇以極其鮮明的方式向我們展示了這一全景。這是一個嶄新的時代，給中國的發展提供了嶄新的機遇。

五　理解 21 世紀的資本離不開中國

2008 年全球金融危機爆發之後，西方世界步入了一個痛苦的恢復時期。儘管主要發達國家的 GDP 已經出現增長，但是在幾乎所有的發達國家，大家突然發現這個世界變得不如危機前那麼美好，經濟的恢復似乎是富人的恢復，是華爾街盛宴的重開，發達國家的市場經濟將向何處去？應該推行怎樣的改革？今天的發達國家雖然有 20 世紀 70 年代末、80 年代初那樣的困惑，但卻沒有形成一個統一的、符號清晰、方向明確的意識形態，既沒

＼

有出現撒切爾夫人、列根總統推崇的供給學派，也沒有出現羅斯福總統所大力推行的凱恩斯經濟學。

在這個大背景下，法國經濟學家托馬斯・皮凱蒂（Thomas Piketty）的新作《21 世紀資本論》（*Capital in the Twenty-First Century*）一經出版，即毫無懸念地登上了西方暢銷書排行的榜首，同時引發了激烈的爭論。

中國讀者應該如何理解這本書？他的觀點是否靠得住？他的預測會不會發生？他給當代市場經濟開出的藥方準不準，有沒有可能實行？這對於已經融入全球市場的中國至關重要。為此，我們有必要做一番非常仔細的分析。

（一）皮凱蒂的兩大發現

皮凱蒂在書中大量地引用了他本人及其他經濟學家的統計數據闡述了他的兩個發現。

第一，過去 300 年以來，在發達國家的市場經濟（在這裏，我有意識地避免使用「資本主義經濟」這個詞，因為資本主義帶有明顯的意識形態色彩，在公眾心目中，它往往用來描述 19 世紀末 20 世紀初發達國家的市場經濟制度安排，而今天發達國家的基本經濟體制已經和 100 多年前完全不同了）運行中，資本與國民收入之比 [1] 出現明顯的規律性的變化，即，1700 年到 1910 年，該比例高達 600％～700％；1914 年到 1945 年，其下降並穩定在 200％～300％；而 20 世紀 80 年代英美等國開始推行新自由主義政策之後，此比例逐步上升，達到 500％～600％，而且還在提升。與此同時，財富所得佔整體 GDP 的比重在提高，從 1975 年的 20％左右上升到 2010 年的25％～30％。

1　在其書中反覆使用國民收入而非國內生產總值即 GDP 的概念，前者是一國居民的總收入刨除折舊，而非在本國發生的經濟活動的總量，它與本國居民的福利結合更緊密。

第二，該書的另一個重要發現是，資本所有權的集中度或者說是不公平性在上漲，比如，美國 1% 最富有的人群所佔有的資本量從二三十年前的不到 10% 上升到今天的 20% 以上。

基於這兩個發現，作者得出一個推論，那就是現代市場經濟出現了嚴重的問題，財富存量在不斷提高，財富所得佔 GDP 的比重也在提高，而財富分配日益不均，當今世界發達國家食利階層的財富比例回歸到第一次世界大戰前的水平，食利階層正在恢復，一個符合民主、公平理念的市場經濟正在遠去，因此，必須採取極端的措施加以解決。作者提出的一個政策建議是在全球範圍內對高淨資產人群和資本高額徵稅，以此來解決財富差距擴大的難題。

應該說，皮凱蒂和他的研究團隊經過近十年的研究，所做出的以上兩個歷史性發現是有確鑿證據的。儘管英國《金融時報》的記者對此提出了一些疑問，整體經濟學界是接受皮凱蒂的統計研究工作的。這是他研究的重要貢獻，必須充分肯定。

（二）如何解釋和理解皮凱蒂的發現

問題是，該如何解釋這兩個重大發現，並在此基礎上預判這兩大趨勢是否會延續？

皮凱蒂在書中聲稱，這兩個趨勢是當代市場經濟發展的必然規律，必須採取制度性的手段才能抑制其發展。但是，他對這兩個趨勢的解釋，在經濟學界引起了極大的爭議，大部分主流經濟學家基於有關文獻的研究提出了異議。

第一，資本和收入之比上升的原因何在，其是否還會持續上漲？對此，皮凱蒂提出了一個簡單的理論：資本與收入的比例，取決於一個經濟體的淨儲蓄率（用 s 表示，即國民總收入減去包括政府支出在內的國民消費，再刨除折舊，結果除以 GDP）與實際 GDP 增長速度（g）。s/g 越高，資本與收入之比越高。他認為，由於發達國家技術進步放緩，g 在下降，而 s 不變，

所以，資本與收入之比不斷提高。

事實上，這一簡單的說法僅僅在穩態情況下成立，即淨儲蓄率 s 不變。但是，皮凱蒂的第一個發現是資本與收入在不斷提高，這幾乎就意味着 s 一定在不斷下降，因為折舊與資本存量是正比例關係，資本高到一定程度，折舊最終會吞噬整個儲蓄毛額，乃至導致淨儲蓄為零。更重要的是，當投資不斷上漲的時候，資本的存量固然會上漲，但其邊際產出最終會不斷下降，這是上百年經濟學研究的基本結論。這裏，尤其要考慮到資本將越來越難以取代勞動力，用經濟學行話講，就是資本與勞動的邊際替代彈性會下降，這就意味着資本的產出效率會越來越低，所以，資本獲得回報的能力在下降，乃至整體資本回報佔國民收入的比例會下降。也就是說，皮凱蒂的發現恐怕不能簡單地預測未來。

第二，關於財富或者資本分配的集中度的上漲，皮凱蒂也給出了自己簡單的理論。他認為，只要刨除折舊的資本淨回報率 r（發達國家約為 4.5％）大於經濟增長速度 g（發達國家約為 1.5％），那麼這個社會的資本／財富分配量就會越來越不均勻，資本擁有量高者越來越富。

這一理論與現實也不見得相符，其原因是，即便資本的回報率上升，資本所有者也有可能揮霍掉自己的資本，其非生產性資本有可能在經濟過程中不斷被轉化成消費，同時，其生產性資本也有可能不斷折舊，因此，財富擁有者本身的財富並不一定會持續上漲。

現實中，在很多國家，財富和資本的傳承是不連續的，中國人有「窮不過三代，富不過三代」之說。我和我的研究團隊近十年來進行了中國古代經濟結構的分析，我們發現，從北宋到清代中後期的人均 GDP 是下降的，經濟增長速度也極低，一般在 0.3％以下。在這個背景下，資本與土地的回報率遠遠超過 GDP 增長速度，但是，由於大量資本所得的儲蓄並沒有進入生產領域，而是變成了非生產性財富，同時，由於中國歷史上沒有長子繼承制，所以，財富在富人眾多的子孫後代中均勻分配，導致財富跨代之間的相對集中度並不是很高。家族的破落在中國歷史上非常普遍。

（三）從中國經濟崛起的視角
考量皮凱蒂發現的局限性

除了以上研究方法上的討論，還可以從什麼角度考量皮凱蒂的這兩大發現呢？

我認為，必須把全球的市場經濟發展包括中國經濟的崛起作為一個整體來研究，才能有全面深入的理解。也就是說，眼光不能僅僅局限於 20 多個發達國家，這是皮凱蒂研究的最大局限性。

我們知道，第二次世界大戰結束以後，全球掀起了一輪反殖民化的民族獨立浪潮，許多非發達國家，尤其是前殖民地國家，紛紛走向了獨立自主的發展道路，經濟發展相對封閉。

因此可以說，第二次世界大戰結束後的近 30 年間，發達國家包括英美兩國的市場經濟是在一個相對封閉的自我循環中發展的。在這個大背景下，其勞動力相對資本的稀缺度在提高，勞動力變得相對昂貴，加上各種各樣社會福利保障制度的實施，使得勞動收入佔 GDP 的比重相對穩定在較高水平，而資本收入佔 GDP 的比重相對較低。這導致了第二次世界大戰後近 30 年資本積累在發達國家相對比較慢的格局。

但是 20 世紀 80 年代以後，由於全球化的加速，尤其以中國為首的一批新興市場國家的崛起，使得發達國家的資本和技術在全球範圍內獲得了越來越高的回報。同時，新興市場國家充沛的廉價勞動力又反逼發達國家的勞動力市場發生巨變，其中包括工會力量的削弱和工資增長的相對放緩。這一革命性變化導致了發達國家資本回報率的上漲，比如德國工人的工資過去 20 年增長緩慢，而企業利潤快速上升，這恰恰解釋了為什麼這一時期發達國家資本存量的比例會不斷上漲。

按照這個思路再往下看，當前中國經濟已經出現了重要的格局性變化 —— 勞動力相對短缺，勞動收入佔 GDP 的比重開始提高，藍領工人的工資開始上漲。由於中國經濟在全球經濟中佔有舉足輕重的地位，這將在全球

範圍帶來連鎖反應，導致一場新的格局性變化，那就是在全世界範圍內，勞動力與資本的相對談判能力將會提升，勞動收入的比重將有可能逐步提高，發達國家資本的積累速度將會放緩。而由於中國的儲蓄率仍然較高，中國的資本存量與 GDP 之比還在不斷提高。

中國的因素必須放入整個世界經濟格局變化的考慮之中，如果分析的過程中忽略了中國，就會歪曲經濟事實。事實上，如果把全球百姓的收入分配和財富分配統一起來計算的話，那麼，過去 30 多年，全球收入最高的 10％人群佔全球總收入的比例，以及全球財富最高的 10％人群佔總財富的比例一定是縮小的，即全球整體的收入差距是在縮小的。為什麼？因為 30 年前極為貧困的中國等經濟體的收入水平，今天已經得到了大幅度提高，財富水平也提高顯著。因此，把眼光放到全球來看的話，皮凱蒂的兩個發現恐怕就要反過來了。

（四）政策建議尤其值得推敲

那麼，皮凱蒂的政策建議是不是站得住腳呢？是否應該像他說的那樣，以高稅率的方式對高收入和高財富者徵稅呢？

這方面，他的分析尤其顯得不夠深入，因為影響一個社會的市場經濟制度安排的因素有很多，其中有諸多關鍵的細節需要特別研究。比如說同樣是市場經濟國家，德國由於在公司治理結構中引入了工會或職工等利益相關者的代表，不僅使得資本的力量得到了約束，而且促進了勞資合作，工人罷工的比例大大低於英美國家，也並沒有像美國那樣出現貧富差距擴大的現象。再比如說，德國並沒有像美國那樣脫離實體經濟發展金融業，金融業的發展也受到嚴格的管制，而實體企業的發展又得到了政府的持續支持，家族式的實體企業如果能堅持經營的話會完全免除遺產稅，這種長期扶持生產性資本、鼓勵家族企業通過資本擁有參與管理的方式，看起來是長期有利於經濟發展、帶來資本和社會共贏的一種重要的制度安排。總之，當地的市場經濟

運作中有太多的制度安排，可以促進資本與勞動者的和諧，完全不必採取矛頭指向財富或資本的極端措施。這些措施往往會帶來整個社會的分裂、經濟發展速度的下降。

（五）財富與資本的本質性區別

最後，應該特別強調的是，皮凱蒂的研究沒有釐清財富和資本的區別。財富應該是廣義的，既包括生產性的資本，如股票等，也包括消費性的財富資本，如住宅等；而資本一般指的是直接參與生產和分配過程的生產要素，它能夠擴大生產規模並帶來回報。釐清這兩個概念非常重要，因為在現代社會，財富分配的差距主要體現在生產性資本的差距上。比如比爾‧蓋茨（Bill Gates），他的財富主體部分並非住房、汽車、收藏，而是他所擁有的微軟股權，其價值使他的財富在全世界名列前茅，與普通人差距巨大。

而且，生產性資本的本質與消費性財富完全不同，二者也並不成正比，生產性資本佔有多的人，不見得消費就高。據此，財富差距的擴大主要來自生產性資本的差距，它不等於社會福利差距的擴大，相反，佔有生產性資本多的人，不見得享有等比例更高的社會福利。

如果全社會真正認同皮凱蒂徵收高財富稅背後的哲學理念的話，倒不如針對超高消費包括超高消費性財富徵收累進稅。

釐清這兩個概念，才能認識到制度改革過程中的關鍵──減少高財富尤其是高生產性資本群體對於社會決策過程的過分干預。一旦高財富尤其是高資本人群對社會決策過程擁有了特別大的發言權，他們將會改變整個社會的發展方向，而他們不一定能代表這一方向，這才應該是討論的重點。簡單地把討論放在總體財富分配本身上，可能會有相當的誤導性。

總的說來，皮凱蒂的書精於選題，細於數據，但疏於理論，粗暴於政策建議。

但在此，我特別想強調，一本暢銷書的影響往往遠遠超越學術領域。儘

管在學術上，皮凱蒂的《21 世紀資本論》不一定完全得到同行的認可，但是，非常有可能的是，它將引發一場西方國家政治經濟理念的大辯論和大革命。撒切爾夫人和列根的意識形態遺產，有可能因為一個法國經濟學家的暢銷書而發生動搖和逆轉。

六　亞投行推動國際治理體系改革

亞洲基礎設施投資銀行（簡稱「亞投行」）由習近平總書記在 2013 年 10 月提出，繼而引發了全球關注，一大批美國的鐵桿盟友包括英國、加拿大等紛紛倒戈，表示願意加入或者考慮加入，成為亞投行的創始成員國。

這是千載難逢的機遇，中國應該抓住這一難得的機遇，吹響國際經濟治理體系改革的號角，給世界經濟帶來一股久違的新風！

（一）背景：布雷頓森林體系面臨改革

1944 年 7 月，在美國新罕布什爾州布雷頓森林召開的國際會議，奠定了第二次世界大戰後 70 年國際經濟治理機構的基本框架，當時國民政府派出了由孔祥熙帶領的龐大隊伍，人數第二，僅列東道主美國之後。諳熟洋務的孔先生精心準備了中國方案，可惜國力屢弱，無人問津。叱咤風雲、意氣風發的英國代表、大經濟學家凱恩斯，更是躊躇滿志，提出了一攬子方案。可惜國際秩序是靠實力說話的，最後的協議基本上就是美國制作，凱恩斯是乘興而來，敗興而歸。

此次會議確定的國際體系由「三駕馬車」組成：維護自由貿易的 ITO（即國際貿易組織，後來由於美國國會的阻撓無法成立，遂降格為關貿總協定，1995 年又升級為世界貿易組織）、穩定國際金融的國際貨幣基金組織（IMF）、幫助貧窮國家發展的世界銀行。過去 70 年來，這一體系為解決全

球重大問題、應對各種危機做出了一定的貢獻。

但是眼下，這個維繫世界經濟增長 70 年的戰車已顯疲態，亟須改革。而美國作為這個體系的維護者和受益者，最近幾年來表現出明顯的惰性，不僅不能提出改革的方案，而且對已有的改革方案進行阻撓和破壞。最明顯的例子是，美國國會對於 IMF 投票權的改革方案遲遲不予認可，導致包括歐洲國家在內的許多成員國強烈不滿。

歐洲國家包括英國事實上是這一輪 IMF 改革的短期利益犧牲者，雖然它們被削減的投票權是最多的，但它們也同意了改革方案，而在改革方案中美國的讓步很少，它卻始終表示反對，這引發了眾怒。這就解釋了為什麼英國帶頭，加拿大等發達國家聯合造反，倒戈投向中國。這實際上是一個重要的信號。

事實上，在此之前，英國、加拿大等美國的盟友已在人民幣國際化等問題上積極推動與中國的合作，與美國的態度形成了鮮明的對比，直接地冒犯了美國。這充分顯示美國極力維護的美元霸權在國際上已經不得人心，美國的盟友們在美元這一核心問題上已經跟美國分道揚鑣，亞投行只不過是把這一新的格局更加明白無誤地展現在人們面前。

（二）美國的傲慢：現行國際治理體系的基本問題

由美國主導的現行國際經濟治理體系，存在三個基本問題。

第一，它沒有回應以中國為代表的新興市場國家新的訴求，而仍然維繫發達國家在國際治理體系中的霸主地位。以 1997 年到 1998 年的亞洲─俄羅斯金融危機為例，今天連 IMF 自己都承認當時的政策指引是錯誤的。當年亞洲國家爆發金融危機，發達國家包括美國袖手旁觀，甚至落井下石，IMF 開出的政策藥方是：緊縮、緊縮、再緊縮。在金融市場一片混亂的情況下，反而要危機國收緊貨幣政策、收緊財政政策。這相當於在房屋失火的情況下，擰緊了本該救火的水龍頭。這些建議是完全錯誤的，方向是相反

的，這一點 IMF 在自我評估中已經完全承認。而導致這一問題的根本原因在於，IMF 並未真正立足於新興市場國家的利益進行考量。反觀 2008 年全球金融風暴中，美聯儲、英格蘭銀行採取了跟 1997 年 IMF 所提倡的政策完全背道而馳的舉措，其實質是「寬鬆、寬鬆、再寬鬆」，起到了比較好的救市效果，促進了美、英等國經濟的較快恢復。

也許有人質疑，上述 IMF 的政策是其內部工作人員的認識或水平有限所致。其實，根據我與 IMF 多年的打交道的經驗來看，IMF 的職員素質是非常高的，而 IMF 的管理是異常集中的，稍微重要的政策報告（如人民幣匯率）和出資必須集中審批，審批的核心是 IMF 的 ED（執行董事）委員會，而美國在 ED 委員會內外的影響力特別大。正因為如此，IMF 不可能認真按照 IMF 章程監督、指導美國的貨幣政策和財政政策，公開的批評更是不可能。換言之，美國是班長，IMF 是他任命的課代表，班長不交作業，課代表無可奈何。

第二，在 IMF 與世界銀行中，美國不願放棄其獨一票否決的地位，引發眾怨。上述 IMF 投票權的改革已經讓美國的意圖彰顯於世，之前世界銀行行長人選的博弈也體現出美國的霸道做法，即堅決不允許非美國公民當選。當下，IMF 投票權改革已經破產，而 IMF 自己的備選方案（所謂的「B 計劃」，即 Plan B）目前還沒有推出。另一邊，世界銀行的內部管理目前也十分混亂，士氣低落。事實證明，當時的世界銀行行長並不是一個強有力的領導者，有可能淪為世界銀行史上最無力的行長，他作為一位衛生領域的教授，對於經濟發展、扶貧乃至大機構的內部管理都顯得力不從心、經驗不足。按照商業機構的邏輯，這樣的 CEO 應該提前下崗，但是美國當時卻不甘心自己任命的 CEO 就這樣下台，這太讓白宮丟面子了。

第三，美國作為最大的國際貨幣發行國，沒有擔當其應有的責任。美國經濟的恢復得益於其自身的量化寬鬆政策，而美國當年在量化寬鬆政策推行的時候卻指責外國的貨幣對美元升值。而今天，當美國經濟自身恢復健康之時，美國卻開始收緊貨幣政策，完全不考慮此舉對其他國家包括新興市場

國家所產生的影響。這種國際貨幣的發行者完全以本國的經濟利益為考量、不考慮其他國家情況的做法，在全世界看來都是不合適的。按照上述分析，IMF不可能提出任何有約束力的意見。

凡此種種問題，就連美國自己的戰略盟友也已經看不下去。於是，英國等國家紛紛選擇加入亞投行，以行動表態，可謂「冰凍三尺，非一日之寒」。

（三）焦點：亞投行應該如何制度創新？

中國政府所倡議的亞洲基礎設施投資銀行，從嚴格意義上講，與現行的國際經濟金融機構並不矛盾。因為它的運作領域主要是在亞洲，而投資方向主要是基礎設施建設。但是為什麼它卻引來國際上廣泛的關注？中國方面又能夠借亞投行的設立達到什麼目標呢？

筆者認為，最關鍵的是要給這個世界帶來一股新風，通過制度創新讓世界看到，中國作為一個負責任的新興大國，也是一個具有古老文明傳統的大國，能夠給這個世界帶來嶄新的理念。

第一，使命要清晰，定位要體現出無私的境界和道德的高度。從這一角度出發，亞投行的使命應該定位於為亞洲地區的廣大民眾謀求長期經濟發展和繁榮，換言之，亞投行不是為中國的狹隘利益服務的，它的目標是帶動周邊國家經濟的長期發展。如此清晰而高尚的使命，在全球範圍內都會具有感召力。

第二，治理機制必須要有創新，決不搞美國式的霸道條款。具體說來，要體現多方利益和聆聽多方面的聲音，不能模仿IMF、世界銀行等機構的執行董事委員會制度 —— 該委員會是一股一票，美國是15％以上的大股東，投票必須85％以上通過，美國的否決權於是被設計出來了。

筆者認為，亞投行可以設立三個委員會。第一個是董事會（Board of Directors），由各國根據投資額來分配席位和投票權；第二個是成員國代表委員會（Representative Council），類似於美國的參議院（美國各州不管大

小均有兩個席位），即，不論國家大小，不論投資額多少，每個國家都有一個席位；第三個是諮詢委員會（Consultative Council），其中應該包括相關地區的勞工組織代表、企業家代表、資本市場代表、社會意見領袖代表，甚至文化環境保護代表。這三個委員會共同合作，共同協商。董事會擁有決策權，但是重大事宜應當在決策前充分商量、醞釀，力求基本達成一致再進行具體決策。這種協商式民主的辦法是中國政治的基本特點，也和當前全球化時代強調社會責任、力求聽到不同聲音的趨勢相一致。它和 IMF、世界銀行那種「一股一票」、大事必須 85％通過、美國人長期霸着否決權的做法是不一樣的。這樣的亞投行治理結構會更具有全球號召力。

亞投行另一個重要的治理問題是行長等高級職員的任命。吸取世界銀行與 IMF 的教訓，應該是擇賢任命，這樣就打破了 IMF、世界銀行以及亞洲開發銀行不成文的規矩，那就是世界銀行應該由美國人、IMF 由歐洲人、亞洲開發銀行由日本人分別當一把手。如果亞投行採取擇賢用人的辦法，將順應全球化的歷史浪潮。

第三，應該強調文化建設。任何一個國際組織就像一個企業一樣，其文化就是基業常青的基因。亞投行應該強調一種開明、高效、包容的文化。這樣的文化才能夠吸引全世界的精英都來為其工作。這種文化也能夠保證亞投行的決策能夠合理、有效，符合相關地區大多數民眾的利益。

第四，亞投行的決策應該以經濟發展為主要目標，而不應考慮政治和意識形態因素。比如說，如果美國等某些大國要制裁的對象在經濟發展上有切實需要，那麼，亞投行也應該實事求是地考慮該地區的實際情況，獨立自主地決策。畢竟，經濟發展的最大受益者是普羅大眾，而不是該國的統治階層。

亞投行是中國新一代領導人的偉大創舉。在其設立中應該緊緊抓住體制創新這個「牛鼻子」，吹響中國推動國際經濟治理體系改革的號角。這是中國作為一個煥發青春的文明古國對世界應有的貢獻。

讀懂中國經濟

第一章

宏觀調控

一　什麼是現代市場經濟？

　　什麼是現代市場經濟？這似乎是經濟學裏一個非常基本的學術問題，經濟學早應該把這個問題研究得一清二楚了，但事實並非如此。今天，什麼是現代市場經濟，這又是一個極具時代意義的話題，因為一些發達國家對中國的市場經濟地位提出了質疑，而中國自身進一步明確改革的方向也需要釐清現代市場經濟的內涵，這是當今中國經濟學界責無旁貸的學術重任。

（一）國外經濟學界對市場經濟的定義極不系統

　　到目前為止，國外經濟學的學術討論還沒有聚焦到「什麼是市場經濟」這一根本的問題上。從亞當・斯密（Adam Smith）到後來的保羅・薩繆爾森（Paul A. Samuelson），再到今天的主流經濟學教科書作者 N. 格里高利・曼昆（N. Gregory Mankiw），大家討論較多的是「什麼是市場」，而對「什麼是市場經濟」尤其是「什麼是現代市場經濟」這一問題，並未展開系統論述，最多只給出了寬泛的定義。

　　奧地利學派經濟學家路德維希・馮・米塞斯（Ludwig von Mises）認為，「市場經濟是生產資料私有制下關於勞動分工的社會體系」，這一定義把生產資料社會所有制或國家所有制下的經濟排除在「市場」的定義外。保羅・薩繆爾森認為，市場經濟是「一種主要由個人和私人企業決定生產和消費

的經濟制度」。今天國外最暢銷的經濟學教科書的作者曼昆，在其教科書中把市場經濟描述為「當許多企業和家庭在物品與服務市場上相互交易時，通過他們的分散決策配置資源的經濟」。曼昆的描述輕鬆地繞過了市場經濟的一些根本性問題，包括政府的角色。經濟學的百科全書《新帕爾格雷夫經濟學大辭典》（*The New Palgrave Dictionary of Economics and the Law*）中對市場的定義是，「一種有大量買家和賣家並對特定類型商品進行循環交易的制度」，顯然，也迴避了一系列重大問題。

值得關注的是，馬克思政治經濟學在這個問題上也沒有給出直接明確的回答，儘管在馬克思的《資本論》中幾乎到處都有關於市場問題的討論。馬克思所處的那個時代，現代市場經濟體制尚未孕育，包括基本福利制度在內的一系列現代市場經濟的制度安排尚未開始討論，所以不可能從那時的思想巨人中覓得今天問題的直接答案。此後，隨着前蘇聯中央計劃經濟的興起，大批的比較經濟學學者討論的重點是計劃經濟與市場經濟體系的對立，而對於市場經濟本身的特點並沒有給出明確的定義。

（二）現代市場經濟追求的三個目標

那麼，到底什麼是現代市場經濟，或者更精確地說，什麼是現代市場經濟體制呢？

我們不妨先討論一下當今世界，社會主流群體對現代市場經濟制度目標的一些共識。現代市場經濟與計劃經濟以及早期資本主義制度相比有本質不同，主要體現在其所追求的自由、平等、公平有序這三個目標上。

第一，自由，即，現代市場經濟中，經濟活動參與者應該在不妨礙公眾利益的前提下自由地參與經濟活動。這裏的經濟參與者，既包括消費者也包括生產者，既包括個體私營企業也包括國有企業。在不妨礙公眾利益的前提下，市場經濟參與者的自主決策不受干預，是現代市場經濟所追求的第一個目標。

　　第二，平等，即，現代市場經濟中，各經濟主體之間的交易在不妨礙整體經濟秩序的前提下是平等自願的，而不是強迫的。相反，在古代的奴隸社會中，勞動交易是不平等的，因為奴隸是被迫勞動的。計劃經濟直接違反平等自願的原則，因為上級政府會要求各企業之間以政府所確定的條件進行交易。

　　第三，公平有序，即，現代市場經濟中，經濟活動應該是公平有序的。比如說，公平的原則要求那些運氣不佳或者經濟天賦相對低下的經濟活動參與者得到應有的幫助。公平的原則還要求當代人與未來人這樣不同代際的人之間保持一種潛在的平等關係，也就是說，當代的人不應該犧牲未來的人的幸福，比如破壞自然環境發展經濟。有序則要求宏觀經濟和金融市場不出現巨大的波動乃至危機和恐慌。

　　總之，自由、平等、公平有序是現代市場經濟所追求的目標，也是現代市場經濟的內在本質，此三條體現了當今世界普遍公認的基本價值觀，而早期的市場經濟和中央計劃經濟體制在這三個方面是有所缺憾的。

（三）現代市場經濟制度的四個要素

　　現代市場經濟應該通過什麼樣的制度安排，來實現上述三個目標呢？具體說來，現代市場經濟要有四個方面的制度安排，其中最關鍵的是，與傳統市場經濟不同，現代市場經濟中，政府事實上就是極其重要的經濟活動參與者，各國現代市場經濟的實踐都是如此。

　　第一，要有一系列保護經濟個體自由的制度。這裏面既要有產權保護制度，也要有消費者保護制度。這就需要《公司法》《民法總則》《物權法》《消費者權益保護法》等一系列法律機制以及法院、消費者保護局等相關機構共同發揮作用，以達到上述目標。

　　第二，要有維護市場秩序和經濟穩定的制度和機構。例如，要通過《反壟斷法》的實施，防止在市場上具有巨大勢力的大企業欺壓小企業，從而傷害未來的消費者的利益。又如，要有高效的宏觀調控機制，因為自發的市場

經濟交易往往會在宏觀層面上帶來巨大的波動性，這一點已被大量的市場經濟實踐所證明，所以，各種各樣的宏觀調控機制必須設計到位，包括金融監管體制、中央銀行體制等。這裏還包括對外經濟的調控機制，因為國際貿易往往具有較大的交易成本和信息不對稱，所以，交易的波動性往往比國內交易更大，這就表現為匯率的波動、國與國之間的貿易不平衡等現象。在這方面，現代市場經濟制度必須有一系列的市場安排，比如說外匯市場的調劑、外貿調控體制等。

第三，要有保障基本社會福利、人力資源開發以及環保、創新等方面的體制。社會福利保障的必要性就在於它保證了社會大多數群體有動力、有興趣參與市場經濟的活動。如果沒有社會福利保障，部分人群由於短期的運氣不好，或是因為市場競爭能力稟賦不足，很難正常地參與市場經濟，市場經濟也就很難得到這部分人的支持，這樣的市場經濟也會因逐漸喪失了社會基礎而不可持續。

人力資源開發對現代市場經濟制度也十分重要，因為它能為未來培養具有一定技能的市場經濟活動參與者，政府要幫助建立這種制度。以教育體制為例，如果完全靠私人部門來參與的話，往往會出現短期行為，無法滿足市場經濟的長遠需要。

對於環境保護，更是需要專門的制度安排，因為環境保護的根本難點在於當代人不一定能夠充分考慮未來人的福利，當代人作為一個整體而非個人，往往會忽略下一代人以及下幾代人的福利，對環境造成過度破壞。而環境一旦破壞，未來修復的成本和今天破壞的收益是不成比例的，因此，需要有外部的力量來約束現存企業和當代經濟活動者的行為，以達到長遠的環境保護的要求。

在科技創新方面，也必須要有相應的機制提供保障。科技創新往往有很強的外部性，一項科技發明所帶來的社會福利提升，往往遠超發明者自身所能得到的最大收益，因此，必須要有相應的非市場的機制來加以保護，例如加強知識產權保護和支持科技研發的投入。

　　第四，要有維繫、激勵和約束政府行為的體制，包括公共財政體系。由於政府是現代市場經濟中極為重要的參與者，因而必須要重視政府自身的行為與激勵，同時也要加強對政府行為的約束，而這一點在今天主流經濟學討論中往往被忽略了。舉例來講，公共財政體系的影響不僅僅在於政府的資金收入來源，更重要的是其在各方面對政府行為的直接影響。例如，如果政府是從企業部門徵稅的話，那麼往往會特別關心企業的運營和發展；如果政府是從家庭部門徵稅的話，那麼就會關注家庭部門的收入增長；如果政府是從地產或其他金融資產的交易或增值中徵稅，那麼自然會對金融和房地產市場的運行更感興趣。所以，公共財政體制與政府行為密不可分。

（四）中國是否已經走上現代市場經濟道路

　　經過多年來的改革開放，中國的經濟發展取得了舉世矚目的成就，應該說，中國現在已經建立了一個與當前發展水平基本相適應的現代市場經濟體系，走上了現代市場經濟道路。

　　具體說來，當前的中國已經在產權保護、消費者保護、宏觀經濟管理、反壟斷、貨幣政策、金融政策、基本社會福利、生態保護以及公共財政等方面建立起了一個初步的市場經濟框架，對於支撐當前的經濟發展起到了重要的作用，否則，中國不可能成為舉世矚目的蓬勃向上、快速發展的經濟體。這一點我們有自信、有底氣，必須跟西方作明確的說明。

　　但是，我們也必須承認，當前中國的市場經濟體制與中國經濟的長遠發展目標尚不匹配，必須堅持改革，尤其是在社會福利以及政府自身運行機制方面要極大地完善，這也是國家已經提出的下一步改革的方向。

（五）基於中國實踐，直面發達經濟體的質疑

　　我們必須從根子上講清楚什麼是市場經濟體制。在這個問題上，國外現

有研究並不充分，我們必須要講清楚三點。

第一，不能把有沒有國企作為是不是市場經濟體制的基本標誌。事實上，國企在西方發達國家也普遍存在，例如法國電力公司以及很多國家的航空公司都是國企，更不用說很多石油公司也是國企。國有企業是國有經濟的一種實現方式，而國有經濟往往是現代市場經濟的重要特徵，比如說，據筆者初步計算，新加坡國有經濟的資產量大約為新加坡 GDP 的若干倍，極大地保證了新加坡經濟的長期穩定。因此，有沒有國企不是市場經濟體制的關鍵，關鍵是國有經濟必須在現代市場經濟的原則和框架下運行。

第二，政府干預不是否定現代市場經濟存在的理由。事實上，當今許多發達國家的政府對企業等部門的干預也普遍存在，例如美國農業部有近十萬名工作人員從各個方面為國內的農民提供各種各樣的幫助。更不用說，在財政、銀行、貨幣等方面，各國政府對市場運行的調控是時時存在的。

第三，市場經濟體制不是一個靜態的完美體系，需要在改革中不斷升級完善，每個國家的市場經濟體制都存在自己的問題，要通過進一步改革和發展來解決。我們必須向西方講清楚，中國對於目前的市場經濟體制並不滿意，已經提出了一系列改革的要求。我們在這個問題上歡迎西方國家的批評者提供建設性的意見，但是不能因為要改進就否定當前中國已經是現代市場經濟國家的基本事實。

總而言之，什麼是現代市場經濟，中國是不是已經走上現代市場經濟道路，中國在哪些方面應該進一步改革完善我們的市場經濟體制，這是我們這個時代必須自己理清楚、對外講清楚的基本而重大的學術問題。

二　民營企業家為什麼憂慮？

2018 年的中國經濟，如果用一個字來形容，那就是「憂」。「憂」是指經濟活動的參與者普遍感到非常憂慮，其中，最憂慮的是民營企業家。這一

憂慮也延伸到了 2019 年，無論中小民營企業還是上市公司的掌舵人，大多認為這是充滿挑戰的一年。雖然大家身處的行業和競爭地位不同，憂慮有所不同，但其中也不乏共性。

那麼，民營企業家在擔憂什麼呢？

有人說是外貿。這一憂慮主要由中美貿易摩擦引發，並認為這將影響中國經濟中長期的發展態勢。但是，在外貿方面，雖然中美貿易摩擦 2018 年一度風聲鶴唳，當年的進出口仍表現不俗：從統計數據來看，以人民幣計價，2018 年中國出口同比增長 7.1％，進口增長 12.9％，進出口整體增長 9.7％；其中，民營企業進出口增長 12.9％。

有人說是前途不明，投資放緩。的確，由於經濟增速放緩，投資收益率走低，加之監管趨嚴，有些領域不斷爆雷，企業家對前景感到不確定，投資意願下滑。但是，從宏觀層面看，2018 年民營經濟的投資指標是非常健康的，年初開始，民間投資一直保持 8％以上的增速，1—11 月同比增速達到 8.7％，2017 年同期為 5.7％，2016 年同期則僅為 3.1％。如果只看製造業，2018 年 1—11 月製造業民間投資增長 10.3％，高於全國平均 0.8 個百分點。這說明，有一部分民營經濟還在投資，可能企業數量不多，單筆數額不少，他們可能是沉默的一群。

可見，單單外貿和投資，不能解釋民營企業家的「憂」心之重。

也有人說，民營企業家的另一重憂慮來自融資難、融資貴。對此要仔細分析。一直以來，融資都是民營企業的一大痛點，並非 2018 年才突然出現，而且我們仔細梳理有關數據發現，2018 年融資難、融資貴的問題主要影響的依然是小型企業，而且主要是信用不好的企業，而信用良好的企業，不管國有還是民營，得到貸款的比率都是比較高的。

民企的第三重擔憂，當然就是稅費比較高，導致經營成本高企，利潤被攤薄，在近年企業盈利空間逐步被壓縮之下，這一壓力尤為凸顯。這的確是一個重要問題，但是不能忘記，高稅費一直是中國經濟之痛，非 2018—2019 年所獨有。2018 年至今，一系列減稅降費措施開始落地，應該說，這

一方面的壓力有望逐步緩解，並不能說高稅費是民營企業家憂慮的新問題。

我們認為，民企的重重憂慮中，最大的是民營經濟面臨着重大調整，而這個重大調整與其所處的產業發展進程有關，除了少數行業，這與企業民營、國有的性質相關性不大，因此，不能夠一談民營經濟發展出現困難就要營救，盲目營救應當被淘汰的產能，干擾市場正常出清，是和中國經濟轉型升級的要求背道而馳的。

2018 年，我牽頭完成了一項「中國改革開放 40 年經濟學總結」的課題，為了獲得第一手資料，我們走訪了許多地方，調研了大量實體企業，發現了幾個突出問題。在一個副省級城市，我遇到了一位對前景極為悲觀的企業家。經過細緻的調研和訪談，我們得知，他的企業主要從事電梯和玻璃幕牆兩個產業，而這兩個產業國內競爭極為激烈，利潤率極低，所以不得不開拓國際市場，但是國際市場的拓展也極不容易，往往招標最後的競爭發生在中國企業之間。他說，在電梯和玻璃幕牆產業，「歐洲人創造產業，日本人把產業精細化，中國人把產業做垮」，原因就是惡性競爭。進一步，我了解到，中國現在有上百家玻璃幕牆企業和 600 多家電梯企業。在成熟的市場經濟國家，如此細分行業不可能支撐上百家、幾百家的企業競爭。例如電梯行業，在成熟的市場經濟國家，一共也就十個左右的大企業瓜分市場。從全球來看，也是美國奧的斯（OTIS）、瑞士迅達（Schindler）、德國蒂森克虜伯（Thyssenkrupp）、芬蘭通力（KONE）、日本三菱（MITSV BISHI）和日立（HITACHI）六大品牌佔據 60％以上的市場。

由此我們引出一個重要的觀察：中國民營經濟，尤其是處在產業鏈中下游的民營經濟，產業集中度太低，低水平惡性競爭，亟須做大、做強、做優，面臨着艱巨的兼併重組、結構調整挑戰。事實上，所有發達市場經濟體都曾經走過這一痛苦的歷程。比如說，美國三大汽車廠都是當年不斷併購重組之後形成的。從目前企業過度競爭的擁擠狀態，發展到成熟經濟體那種具有較高產業集中度的均衡狀態，這個過程對於民營企業家而言將是極其痛苦的，對於銀行而言也將是極其痛苦的，但這個轉換過程是中國經濟轉型升級

所不可避免的。

在這個二八分化之後出現的優勝劣汰過程中，往往最好的出路就是有序退出。對於能「笑到最後」的「幸存者」，當然可以是選擇繼續留下，享受較高的行業利潤；對於 80% 缺乏競爭力的長尾企業，則是長痛不如短痛，做及時退出的「逃離者」總比被過度競爭、極低利潤慢慢拖死、壓垮要好。

這樣的兼併重組過程會帶來多少呆壞賬，目前我們不得而知。以電梯行業為例，目前民族品牌佔據了約 30% 的市場份額，其中十家龍頭企業的市場佔有率約為 15%，剩餘 600 多家國產中小型電梯企業分享剩下的 15%。假設兼併重組的結果是這幾百家中小型電梯企業全部破產重整，資產全部減值，其銀行貸款全部變為壞賬，按照行業平均水平，將帶來 2000 多億元資產減值。考慮到中國許多行業都存在過度競爭，需要兼併重組，這就意味着大量的銀行貸款也將面臨一個重組的過程。

因此，我認為，當前民營企業家最擔憂的因素，一是產業升級中的退出安排，二是與之緊密相關的金融安排。為此，未來幾年我們應該做好準備。

對於企業家來說，必須問自己一個問題：堅持做下去，還是趁早退出？如果退出，那就應該考慮在自己的企業經營狀況依然良好的時候轉向開發新的行業，或者不退出，那就應該想方設法擴張併購其他企業，這是一個必須要做的事情。

對於銀行而言，必須從現在開始建立產業重組基金，必須考慮如何處置那些退出市場的企業的資產重組問題。要考慮如何重拾 21 世紀初大張旗鼓設立資產管理公司時的寶貴經驗。

中國經濟現在面臨着一個轉型升級的過程，這個過程的一大反映就是很多產業併購重組的步伐加快，部分民營企業日子不好過，必須重視並妥善處理其中可能遇到的問題，處理得好，能夠轉換成經濟增長的機遇，處理不好，可能會變成金融界以及相關產業的重大包袱。絕不可打着保護民營經濟的旗號，盲目保護落後產能，破壞市場經濟秩序。

三　「脫實向虛」怎麼辦？

2016 年下半年開始，「脫實向虛」又變成了中國經濟領域的一個熱門話題。的確，2016 年 GDP 增速有所放緩，而放緩的一個重要原因就是固定資產投資中民間投資的增速僅為 4%，還不及整體固定資產投資增速的一半。而民間投資及與之高度關聯的製造業投資增速放緩，與資金不願流入實體經濟密不可分。

在這種背景下，中國資本市場的監管部門出台了一系列政策，指向「脫實向虛」問題。中國證監會 2016 年年底開始明確表態要打擊資本市場上興風作浪的「妖精」；中國保監會叫停了「萬能險」，對過去一兩年來利用險資在資本市場上進行資本運作的個別機構提出了勸告和懲戒；最近中國證監會又修訂了上市公司再融資的若干規定。

這些監管層的動作對解決「脫實向虛」問題有沒有幫助呢？這需要從「脫實向虛」的本因開始分析。

（一）「脫實向虛」的第一個成因是高成本

中國製造領域的企業大多是民營企業，它們的運營成本近年的確在不斷上升：勞動力成本的上升幅度從 2008 年以來基本都快於消費者物價指數（CPI），更快於生產價格指數（PPI），這使得企業利潤空間逐步下降。同時，國際市場持續低迷，中國進出口連續兩年出現負增長，使得民營經濟和製造企業面臨種種困難。

當前，大家討論比較多的是民營企業的稅費負擔，但必須看到，過去幾年來，民營經濟的稅負從稅制設計上講並沒有明顯提高。高稅和高費一直存在，2016 年以後變化比較大的是「營改增」。

根據我們的實際調研，「營改增」短期內增加了企業稅負。營業稅往往

是虛的，對很多企業是沒有實收，而增值稅是實打實收的。這其中的重要原因是營業稅傳統上是由地稅局徵收的，而地稅局出於地方經濟的考慮，經常會與地方政府協商，為了鼓勵企業投資，通過某種方式減免營業稅，至少不會按稅制規定的稅率直接徵收營業稅。營業稅改成增值稅後，國稅局成為徵稅主體，而國稅局與地方企業的關係並不密切，因此，國稅局通常按章收稅。筆者在江蘇等地的調研也發現，「營改增」之後企業稅負明顯上升。

此外，當前討論較多的還有勞動用工成本。企業與勞動用工相關的一些費用如「五險一金」等負擔比較重，這當然有下降空間，但應該看到，這個稅費是長期存在的。

相比之下，2008 年以後，還有另一個重要因素直接導致民營企業成本上升，即大規模基礎設施建設大量由地方政府通過各種投資平台來融資，這些投資平台通常有各級政府的隱含擔保，而且這些基礎設施的投資主體並沒有長遠的財政負擔考慮，往往關心短期內維繫固定資產投資，從而提升 GDP。因此，不少地區不惜以高利率從銀行及信託機構貸款，這就對企業尤其是民營企業在銀行等渠道的正常貸款構成了擠出效應。企業從銀行的貸款相對於基礎設施而言，規模小，批次多，交易成本高，審批成本也高，所以，銀行、信託等機構往往反而要提高對它們的貸款利率。這是融資成本高，從而導致實體經濟發展低迷的一個重要原因。

（二）「脫實向虛」的第二個成因 是金融體系存在結構性「虛火」

金融體系的「虛火」並非由於大牛市的到來，從中國股市整體的市值與市盈率來看，並不能說有巨大的泡沫存在。但必須承認，中國資本市場存在着結構性泡沫，即一些高風險的金融產品在當前剛性兌付的背景下，仍然可以在短期內給投資者提供超常的、不可持續的高回報，例如地方政府的債務和信託產品。

　　這些地方債和信託產品相當一部分本該重組甚至違約，它們的高利率也正是為應對其較大的重組或者違約可能性而提供的風險溢價，但目前重組和違約的比例遠遠低於應該發生的比例。金融市場甚至監管層都不願意看到重組或者違約事件發生，這就導致投資者有盲目追求高回報的金融產品的趨勢。市場上大的藍籌股和銀行股的市盈率普遍非常低，它們與港股構成了全球主要經濟體中價格最低的股票，其估值遠遠低於歐美國家。而高風險的股票包括創業板股票的價格則居高不下。這從本質上講是中國金融市場對風險的定價出現了問題。投資者心中的風險溢價太低，盲目追求高風險產品，低風險的傳統實體經濟項目往往被忽略了。

　　根據以上的分析，要解決中國經濟「脫實向虛」的問題，根本而言必須雙管齊下採取措施。

（三）提高稅收留成比例，重啟地方政府積極性，為實體經濟減負

　　我們建議，財政部短期內加大對地方政府的稅收返還，國稅局將所徵稅金再額外增加一個比例直接返還地方政府。同時鼓勵地方政府加快扶持民間投資，讓各地政府有針對性地對有發展前景的民營經濟給予稅收優惠和運營成本方面的補貼。這就部分地回歸到改革開放以來發展經濟的一大法寶——調動地方政府的積極性，主動地為地方民營企業減稅減負。

（四）鼓勵違約重組，金融市場「擠泡沫」

　　「擠泡沫」就是要有意識地讓原本就是高風險的金融產品違約或者重組。對於一些高風險的新企業，則要通過各種方式警示其風險。一旦資本市場上這種風險溢價能夠提升到合理水平，高風險金融產品的吸引力就會大打折扣，資金就會更多地流向傳統製造業。傳統製造業的風險相對而言較低，

儘管它們的回報率也較低。

2016 年，震撼中國股市的「寶萬之爭」以及格力電器被舉牌等事件應該從這個角度重新思考。傳統的製造企業目前市盈率非常低，表明資本市場並不認為這些企業的運營是高效的，不認同這些企業的內部公司治理和投資方向。因此，從原則上講，需要調動資本市場和投資者力量，給這些企業的內部人施加壓力，迫使他們重新定位自己的發展方向，約束他們頭腦發熱、盲目投資的行為，要求他們把剩餘的現金流吐出來，而非留在企業或者投資於一些並不相關且已是紅海的領域如電動汽車和手機等。所以，中國的資本市場，從大方向上講，需要從事併購重組的基金。保險資金也許不能完全擔當這一重任，但是中國資本市場的健康發展繞不開併購重組這一關。

與此相關的是股市的再融資功能，這是股市一個非常重要的直接融資功能。上市企業再融資的難度要小於 IPO，因為這些企業運作比較規範，而通過運作規範的企業融資要比非上市公司更為順暢。

所以，要解決「脫實向虛」的問題，根本發力點應該是降成本、擠泡沫，而不是打擊所謂「妖精」或者限制企業再融資規模。

「脫實向虛」將是中國經濟未來發展的長期難題，可能需要花費相當長時間來解決。我們需要把準脈、認清病灶，再對症下藥，以求逐步藥到病除。

四　中國經濟如何跑好
高質量發展馬拉松？

（一）連續 73 年成長，是絕無先例的經濟奇蹟

黨的十九大報告，在國內外激起巨大反響。如果報告描述的前景能夠順利實現 —— 我們對此充滿信心，那將創造一個人類經濟史的重大奇蹟，因

為人類歷史上從來沒有出現過連續 73 年（從 1978 年到 2050 年）平穩、快速成長的經濟體。這與過去 40 年中國經濟發展取得的令人矚目的成績，尤其是 GDP 增長速度持續多年達到 9% 以上相比，是一個更為偉大的奇蹟。

中國過去 40 年的連續成長，不能說完全沒有先例，日本明治維新時期的發展就很快，德國統一之後到第一次世界大戰之前的發展也很快。所以，更大的、世界上絕對沒有先例的奇蹟，是能夠實現過去 40 年加上即將奮鬥的 33 年的連續成長。

所以，中國如果要創造奇蹟，不在於快，而在於穩，在於我們能不能再成長 33 年。

（二）不摔跤、保動力，
創造奇蹟必須面對的兩個問題

要實現連續 73 年成長這一目標，必須面對兩個問題。

第一，未來 33 年怎麼能夠不摔跤？對於中國，如今發展速度已經不重要了，如果從現在開始，我們每年保持平均 4% 的增長，到 2050 年就能進入全球最發達國家的前 20 強，因此，未來的關鍵不是速度，而是不能摔跤。我理解 2018 年經濟工作的重點，頭一條就是穩，不能出問題。習近平總書記講的高質量與高速度不可並行，高質量放在前面，而高質量的第一要求就是不能摔跤。摔跤的可能性很多，不光是金融危機，還有社會矛盾、人口問題、健康問題、國際關係問題。中國怎樣在未來 33 年化解各種各樣的危機，不要摔跤，值得研究。

第二，未來 33 年怎麼保證發展的原動力源源不斷，怎麼保證我們始終有幹勁、有能量？最近我在關注中醫，中醫講生命之元，是指生命力的盛衰在於元氣的多少，元氣藏在腎裏面。對應中國這樣的經濟體，首先要考慮的就是這個元氣怎麼能夠保住，陰陽如何平衡，也就是不摔跤。其次，怎麼保證元氣能夠不斷地得到培育，年輕人的教育水平能不能不斷提高，我們這個

年齡的人再過 20 年怎麼不成為社會的負擔，不讓社會公共財政有巨大的窟窿？這是個人問題、家庭問題，也是社會問題，是關係國家發展的問題。

只有回答好上述兩個問題，中國才有可能創造連續 73 年成長的奇蹟，為世界貢獻新的發展經驗。

（三）跑好高質量發展馬拉松的三大要點

要繼續保持未來 33 年的成長，意味着中國經濟從 2018 年到 2050 年還要跑一個馬拉松。那麼，怎樣才能跑得好、跑得漂亮，怎樣才能實現我國經濟的平穩、可持續、高質量發展呢？仔細考慮歷史經驗和經濟發展的基本規律，以下三點值得深思。

第一，嚴防重大波折，絕不摔跤、崴腳、岔氣。

重大波折可能來自金融風險。從歷史上看，1929 年到 1933 年的世界金融危機，20 世紀 80 年代和 90 年代拉丁美洲歷次金融危機，1997 年到 1999 年的亞洲金融危機，以及日本資產泡沫破裂後所發生的金融恐慌，每一次都讓相關國家和地區的經濟發展倒退 10 年甚至 20 年。

當前中國面臨的經濟金融風險主要有兩個。一是實體經濟負債規模較大，而且隱含較多的不良負債，應該利用好當前宏觀經濟企穩向好的時機，及時清理。二是我國金融資產的流動性太強，現金、銀行存款和理財產品的總量與 GDP 之比超過 200%。這些隨時可變現的資產會導致整體金融體系的穩定性較差。因此，要從根子上改革，調整金融產品結構，引導儲蓄者直接持有流動性低一點的債券或其他證券，提升金融體系的穩定性。

重大波折也可能來自我國經濟的供應鏈對外依賴度非常高。一些重要的上游產品，包括芯片、原油、天然氣，高度對外依賴而且來源比較集中，需要提防 1971 年到 1973 年石油危機式的風險。要從現在開始，適當減依賴度、增多元性、增儲備。

第二，邊跑邊提前補水，不斷提前解決一些制約未來發展的基本問題。

　　一個是勞動力素質問題。隨着經濟的不斷升級，中國勞動力的競爭對手將是歐、美、日、韓等發達地區和國家的勞動者。產業和就業能否留在國內，就要看國內的勞動生產率能不能夠比得過這些發達地區和國家。另外，隨着科技的進步，我們的勞動者還要競爭得過那些逐步具有人工智能的機器，還得幹那些機器做不來的事。從現在開始，我們要具有前瞻性地加大教育投入，尤其是初中以及高中階段的基礎性教育，不僅提高數理化等硬知識，更重要的是人工智能和技術所難以複製的人文社會等綜合軟素質。

　　另一個是人口老齡化問題。從短期來看，應該適當地鼓勵人口生育。更重要的是，要有徹底的思維轉變。今天很多六七十歲的老年人，其經驗積累、技能保持、身體狀況，比 20 年前的 50 多歲的中年人還要好。老齡人口有含金量，應該通過改革，鼓勵他們自願參與社會勞動，化問題為動力。

　　第三，利用好馬拉松路線上的上坡、下坡，要善用正常的經濟波動。

　　市場經濟有它自身的波動規律。150 年前，馬克思在《資本論》中已經深刻地揭示了導致市場經濟不穩定性的內在矛盾。如今，社會主義市場經濟的實踐，就是通過發揮政府的作用，從根本上解決馬克思所論述的基本問題，但這不等於說政府應該完全抹平市場經濟的波動，相反應該用好經濟波動。

　　利用好經濟波動，就好比中國傳統醫學所說的「冬病夏治，夏病冬治」。一個優秀的馬拉松選手，上坡時會減速、調呼吸，下坡時要加速、調肌肉。對於一個經濟體而言，形勢好的時候，要加強監管、幫助金融體系排毒，提高效率；當經濟不好的時候，就多做一點公共投資，多補短板。

　　我們有充分的信心，積累了改革開放寶貴實踐經驗的中國，能夠在 2018 年到 2050 年再跑出一個漂亮的經濟發展馬拉松，實現連續 73 年成長的經濟奇蹟，實現黨的十九大報告描繪的中華民族偉大復興的宏偉藍圖。

五　「中國經濟系統」
如何從 1.0 升級到 2.0？

　　中國經濟過去的快速成長，並不在於實施了產業政策。事實上，從政府實施產業政策的光伏、VCR 等領域來看，這些產業政策都可以說是不成功的。今天的海爾、格力都不是政府當年一開始就扶持的對象，深圳的華為也是如此。今天取得成功的眾多成長性企業，無論華為還是海爾，往往是在嶄露頭角之後才受到政府的關注，並在成長的中後期才獲得當地政府的重點扶持。因此，中國經濟成長的經驗，不能歸結為產業政策的實施，而應從亞當‧斯密的《國富論》中尋找解釋。

　　過去，我們對亞當‧斯密的著作有不少片面的誤讀，認為他單純鼓勵自由化，其實，他在《國富論》第五卷裏大量談到政府應該如何幫助市場經濟發展，包括女王為什麼要管法庭、為什麼要控制美國殖民地外貿、為什麼規定美國外貿用的商船必須購自英國而非法國等等。中國經濟過去二三十年的快速增長，也印證了亞當‧斯密的觀點。過去中國經濟成長的基本經驗，也可以稱為「中國經濟系統」1.0 版本的經驗，是政府協助企業開疆拓土，幫助企業培育、做大市場。

　　但是，當前這個經濟系統的運行碰到了困難，中國經濟增速放緩。不可否認，導致經濟增速放緩的影響因素有很多，包括產能過剩以及國際市場需求低迷等等，但「中國經濟系統」正處在轉型升級期是更重要的原因。如同電腦的 Windows 系統需要不斷更新，1.0 版的「中國經濟系統」如今也處於更新的「低能運行狀態」。筆者認為，要想走出經濟困境，必須完成「中國經濟系統」從 1.0 版本向 2.0 版本的順利升級，在這一過程中，有兩點至為關鍵，即政企關係的順利升級，政府監管質量和水平的順利升級。

（一）政企關係要順利升級

在「中國經濟系統」1.0 版本裏，政企密切合作，政府幫助企業開疆拓土，比如招商引資、提供工業園區、幫助企業招工等。然而，舊版本的政企關係在促進經濟增長的同時，也帶來了腐敗問題，需要及時升級更新。為此，習近平總書記提出「構建親清新型政商關係」[1]，即領導幹部對企業家既要「親切」又要「清廉」。

政企關係的改變並非易事，在當前反腐形勢的威懾下，一些領導幹部工作起來瞻前顧後，經濟自然受影響。所以，推進「中國經濟系統」升級的第一個關鍵點，在於探尋構建「親清新型政商關係」之道。

建立「親清新型政商關係」，顯然需要制度保障。本質上講，必須建立起一套獎懲分明的激勵機制，同時需要一套有效的監督機制。激勵機制過去是靠跨地區 GDP 增速競賽，即，誰主政的地方 GDP 增速高，誰提拔的可能性就高。現在看，這套機制太單一、太單薄。太單一是因為 GDP 增速競爭導致部分地方官員過分關注短期 GDP 增速，不顧長期後果，從而導致地方負債過重等後遺症。太單薄，是因為提拔的機會太少，越往上越難，因此，往往會有部分官員不惜拿政治前途冒險去受賄，追求短期個人經濟利益。所以，改革的方向應該是大幅提升官員的業績工資，對每一類崗位提出綜合業績指標，定期考核。更重要的是，各級官員執掌經濟、社會重要決策，必須要有高度的職業榮譽感，因此，他們的平均工資待遇不應該低於同樣工作資歷的民營經濟部門的經理人。根據新加坡等國成功的經驗，這樣一支隊伍是有相當的自覺去抵制來自市場經濟的腐敗壓力的。

1　習近平：《決勝全面建成小康社會　奪取新時代中國特色社會主義偉大勝利 ——
在中國共產黨第十九次全國代表大會上的報告》，人民出版社 2017 年版，第
40 頁。

僅有激勵是不夠的，監督也極其重要。紀委、審計的監督應該是制度化、長期化的。

（二）政府監管質量和水平亟須升級

經歷了多年的快速發展，今日的中國經濟已經不是昔日蘿蔔白菜式的簡單市場經濟。相反，當前的市場經濟形態極其複雜，不是簡單的簡政放權就能讓市場自發地健康成長，而必須對市場進行合理的監管。

比如網購平台採用競價排名的方式，給了假貨可乘之機，綜合排名高的商品並不都是正品；再比如搜索引擎，競價排名不但不能及時給用戶提供最有效的信息，甚至可能有誤導，釀成「魏則西事件」之類的悲劇；醫藥監管也不能聽信企業的一面之詞，臨牀試驗信息的造假也不是沒有先例。這給監管帶來了巨大的挑戰。

如果面對愈加複雜的市場環境，政府的監管能力沒有及時升級提高，就會出現問題。

美國金融危機的爆發就是因為「貓的能力不如耗子」，政府監管能力趕不上金融市場的創新。因此，2.0 版的「中國經濟系統」要汲取前車之鑒，及時升級政府精準調控、精確監管的能力，其中關鍵在於培養一支高素質、高水平、有事業心的市場監管團隊，給予這些市場監管人員與市場完全接軌的工資水平，並提升其社會地位，激勵其實現對市場的精確精準監管。

在接下來的發展階段，要想完成「中國經濟系統」從 1.0 版本向 2.0 版本的升級，就要圍繞如何建立「親清新型政商關係」，如何實現精準調控、精確監管下功夫。如果能找到這兩個關係中國經濟升級的關鍵問題的解決方案，實現經濟持續發展，貢獻中國智慧的中國方案也會受到世界的認可和接納。

六　中國能突破「中等收入陷阱」嗎？

在經濟增速持續下滑的大背景下，社會各界對中國能否跨越「中等收入陷阱」從而進入發達國家行列表示了各種各樣的擔憂。所謂「中等收入陷阱」是世界銀行 2006 年提出的概念，指的是一個發展中國家在人均 GDP 達到 3000 美元以上的水平後，始終難以從中等收入國家畢業，從而邁入發達國家行列，即人均 GDP 突破 12000 美元的關口。

2018 年中國人均 GDP 接近一萬美元，如何跨越「中等收入陷阱」毫無疑問是一個重大課題，也是實現「『兩個一百年』奮鬥目標」（中國共產黨成立 100 年時全面建成小康社會，新中國成立 100 年時建成富強民主文明和諧美麗的社會主義現代化強國）的第一步。

（一）哪些國家突破了「中等收入陷阱」？

縱觀第二次世界大戰後 70 年的世界經濟史，全球上百個非發達經濟體中，只有 12 個經濟體實現了「中等收入陷阱」的突破，其中包括五個東亞國家和地區，即日本、韓國、中國香港、中國台灣、新加坡；五個歐洲國家，即西班牙、葡萄牙、塞浦路斯、希臘、馬耳他；以及中東的以色列和阿曼。

其他國家包括拉丁美洲各國，或者是始終處在貧困國家水平線之下，或者是進入了中等收入水平，如人均 GDP 達到 8000—11000 美元之後，始終徘徊，沒有突破。

（二）突破「陷阱」的三個充分必要條件

到底哪些因素導致這 12 個國家和地區突破「中等收入陷阱」，而剩下來的國家卻沒有實現跨越？最近，我和以前指導的清華大學博士生、現任中

央財經大學副教授的伏霖進行了合作研究，試圖對這個問題進行系統梳理。

我們的研究表明，只有當三個條件同時滿足時，一個國家才可以突破「中等收入陷阱」；相反，只要其中一個條件無法滿足，就無法實現突破。那麼，這三個條件是什麼呢？

其一是穩定的、支持市場經濟發展的政府。這首先指的是政府必須要穩定，一個值得參考的反面案例是泰國，泰國近年的經濟增長之所以出現停滯，就是因為政治內訌，紅衫軍和黃衫軍長期執着於街頭政治。顯而易見，這樣的政府連基本的經濟生活都無法維繫，提高經濟發展水平更是無從談起。

政府不僅要穩定，而且要系統推行能夠維繫經濟增長的政策，其中既包括釋放市場經濟活力的基本政策，如法治和基本的監管，更包括一系列能夠維繫經濟增長的干預性政策，比如保持社會穩定的基本醫療和住房政策，以及消滅貧困的基本福利性政策。在這方面，印度就是反例。雖然印度號稱是世界上最大的民主制國家，政治也基本穩定，但長期以來，印度政府的政策是反市場經濟的。時至今日，印度仍然有 1/3 的人口享受糧食補貼，政府也長期對能源價格進行補貼，因此，當下全球原油價格低迷，印度就處於好光景，而這一趨勢一旦逆轉，印度公共財政乃至宏觀經濟又將陷入艱難的境地。

其二是不斷提高的勞動力素質。要滿足這一條件，首先要保證基本的公共衛生，其次要提供良好的教育環境。公共衛生服務的效用在於，保證常住和流動人口的健康，以便其更多地參與市場經濟，使得人口的勞動參與率以及勞動生產效率不斷提高（勞動參與率是經濟發展的重大因素）。中國在改革開放之前的 30 年中，大幅度提高了基本健康水平，人均預期壽命從 1949 年的不到 40 歲上升到了 1979 年的 57 歲，這也為此後 30 年的經濟增長提供了人口紅利。而沒有基本的公共健康保證，勞動效率將會受到明顯的影響。在印度等國，基礎設施建設緩慢，原因非常之多，其中不可否認的一條就是建築工人的效率。這種效率低下和他們基本勞動力的健康水平密切相關。

高素質人口更重要的前提條件是要滿足一定的受教育水平。中國經過1949年後30年的努力，成人文盲率從新中國成立初期的80％降至1982年的22.81％[1]，2010年這一比例進一步降至4.88％。九年義務教育已經普及，高等教育機構的毛入學率達到25％以上。相比之下，印度仍然有30％的文盲率，這會直接影響其勞動生產率的提高，因為很多基本的現代工作崗位難以僱用文盲勞工。

其三是對發達經濟體開放。日本的經濟學家曾經發現經濟發展的「雁陣模式」，那就是，一群國家中首先有個別國家起飛，然後再帶動鄰國。我們更加仔細地研究了這一現象，發現這並不完全成立，因為也有例外，比如以色列，其實現了「中等收入陷阱」的突破，但鄰國中並沒有發達國家。

我們認為，這種「雁陣模式」背後的機理是，一個經濟體要發展，必須要對發達國家開放，而鄰國之間一般是經濟開放的。具體說來，要實現「中等收入陷阱」的突破，一個國家必須與經濟發達國家進行貿易和投資的交往，該國的技術水平、商業理念、社會意識由此會不自覺地向發達國家靠攏，其收入水平和生產效率也會不斷提高。以色列的主要貿易投資夥伴是歐洲和美國，日本曾經的主要貿易夥伴是美國，韓國的主要貿易夥伴是美國和日本；在歐洲，愛爾蘭和西班牙的主要貿易夥伴是其他發達的西歐國家，這自然而然就使得這些經濟體不斷學習發達國家的理念。

（三）中國具備跨越「陷阱」的條件

對照以上三個充分必要條件，我們發現，中國完全具備跨越「中等收入陷阱」的可能。當然，在若干方面中國還必須繼續努力，才能夠滿足這三個條件。

1　該數據根據國家統計局統計口徑；根據聯合國教科文組織（UNESCO）統計，我國1982年文盲率為34.49％。

　　首先，着力於經濟發展的政府。中國不大可能出現泰國和菲律賓式的街頭政治動盪，更重要的是，總體上講，中國的體制和政策的基本點是推動經濟發展。黨的十八屆三中全會的主要精神，通俗化的解釋就是讓市場幹市場的事兒，讓政府幹政府的活兒。從這一角度看，在包括勞動工資、資本價格、土地價格等絕大部分資源分配領域，市場應當發揮絕對性的領導作用。同時，中國又必須讓政府發揮更好的作用來實現現代社會的治理，為市場經濟發展提供堅實的基礎。這其中最主要的就是要更好地發揮監管的作用，讓市場經濟有序、健康地成長，同時也包括政府必須提供市場發展所必需的公共產品。當前，基礎設施建設在很大程度上就是一種公共產品，它必須由政府來完成。中國政府正在想方設法加大基礎設施建設，提供這一系列公共產品。

　　第二，中國勞動力素質持續提高。成人文盲率降到 4%，教育水平不斷提高，人口健康水平在發展中國家也名列前茅，我們的人均預期壽命已經與發達國家比肩。固然，人口老齡化是中國經濟所面臨的問題，但老齡化當前是否對經濟發展帶來嚴重影響，還必須要和人口的健康水平、受教育水平掛鈎。在收入水平尚未進入發達國家行列的時候，如果健康水平比較高，則完全可以通過彈性延長退休年齡外加增加退休待遇的改革，讓那些身體健康又受過良好教育，同時仍然願意工作的個人繼續工作，從而減少老齡化的衝擊。

　　在公共健康方面，中國已經取得了巨大的進步，但是仍然有改進的空間。全方位的醫療改革必須儘快推出，預防性的社區性醫療網建設的潛力巨大，公立醫院通過改革降低醫療費用，政府通過社會保險提供更多的財政支持，同時加強管理，提高公立醫院的醫療效率，再加上增進私人醫院等多方位的醫療供給，這些都能進一步地提升中國公民的健康水平。

　　第三，中國是當前世界上最大的貿易體，也是總量與美國不相上下的、最大的吸引外資和對外投資的國家。中國最主要的貿易夥伴是美國和歐盟，因此，中國始終是對發達國家開放的，中國仍然在不斷地學習發達國家的經

驗，在知識和理念上不斷地接近發達國家。

　　綜上所述，中國具備跨越「中等收入陷阱」的三個基本條件。同時，我們發現，與世界發達國家水平的差距是解釋一個正在突破「中等收入陷阱」國家的最基本因素。當前，中國人均 GDP 僅達到美國 20％ 的水平，而從日本、韓國和中國台灣地區的歷史經驗看，中國現階段至少具備 GDP 實現 7％ 以上增長的潛力（見表 1）。我們預計，如果中國經濟繼續沿着改革開放的道路前進，到 2050 年，人均 GDP 按購買力平價計算可達到美國的75％，經濟總量為美國的 3 倍。

表 1　東亞經濟體人均 GDP 達到美國 19％ 之後的 GDP 增長率變化
（時段平均值％）

	日本	韓國	中國台灣地區
5年以內	8.6	10.8	8.9
5—10年	9.4	8.6	10.7
10—20年	6.9	6.3	8.2
20—30年	4.3	4.0	6.2

數據來源：日本和韓國1961年之前的GDP增速來自Penn World Table 8.0，1961年之後的數據來自世界銀行WDI數據庫；中國台灣地區的GDP增速來自Penn World Table 8.0（日本5年以內指1956—1960年，韓國指1983—1987年，中國台灣地區指1971—1975年，後面的年限區間以此類推）。

（四）實現突破，仍需推進的若干改革和政策

　　雖然中國基本具備突破「中等收入陷阱」的條件，但是，只有加快推進若干方面的改革和調整，才能充分挖掘經濟發展的潛力。

　　第一，在當前經濟增速下滑的背景下，必須促進結構調整，穩定經濟。當前中國經濟面臨的情況類似於 1997—2001 年，即應對亞洲金融危機之後。當時，中國經濟同樣面臨產能過剩、需求不足等一系列問題。由於中國

的宏觀負債率已經高達 200％以上，因此必須充分認識到經濟增速下滑所帶來的惡性循環的性質以及相關預期的自我實現性，有必要採取一些措施穩定經濟增速、逆轉國內外市場對增速下滑的預期，從而穩定金融體系。

就目前情況而言，必須儘快打造和鞏固若干新增長點，基礎設施建設毫無疑問是中國經濟所缺、同時短期內可以不斷彌補的短板。目前，中國人均基礎設施存量仍僅為日本、韓國等經濟體的 20％左右，而且，中國並不缺儲蓄，如果基礎設施的融資渠道能夠打開，就可以營造出一個既有利於長遠經濟發展，又能穩定經濟的新增長點。啟動這一穩增長發動機的根本，就在於融資機制。

對此，我的建議是，由各級政府提供種子基金，由中央或省政府提供擔保，面向社會發行基礎設施債，其利率低於商業銀行貸款利率。可以用這些資金建立基礎設施建設基金，直接管理和持有基礎設施。這類似於在中國經濟內部建立一系列「世界銀行」，其運作方式比國家開發銀行更加專注，而且能夠相對獨立於地方政府進行運作，且獨立地評估基礎設施建設的可行性和實施效果。

第二，必須堅持改革方向。黨的十八屆三中全會提出的基本改革方向，是突破「中等收入陷阱」最重要、最基本的保證，必須堅定推進，不容動搖。在經濟下滑的情況下，必須相應加快面向市場經濟的改革，尤其是國有企業的改革和打破壟斷的各種舉措。這些改革如果到位，將極大地激發相關市場主體的積極性，提升經濟的活力。

第三，必須繼續堅持對外開放，與發達經濟體合作競爭，在這一過程中提升中國經濟自身的競爭力。當前全球化出現了新的形勢，以美國為首的發達國家針對中國推出了一系列帶有貿易保護性質的國際經濟新體系。面對這些挑戰，中國的應對策略應該是繼續堅持改革開放，通過自貿區和「一帶一路」等開放建設提升企業競爭力。當中國企業乃至整個經濟的競爭力提高之後，國際上一些歧視性的保護主義政策對於中國經濟的影響將會大大降低，中國企業也才能在國際談判中輕鬆應對各種挑戰，在國際競爭

中立於不敗之地。

綜上所述，中國具備跨越「中等收入陷阱」的基本條件，經濟增長的潛力仍然可觀，當前的主要問題是要合理應對經濟下行的挑戰，加快改革，儘快為新一輪經濟增長打下堅實的基礎。

七　中國會錯過第四次工業革命嗎？

2016 年的達沃斯世界經濟論壇冬季年會主題極其聚焦，那就是第四次工業革命。我在會場碰到的許多出席者都表示，以往年會的主題大都是概念性的，而這一屆年會的主題比以往任何一屆都顯得集中和具體。

當年，美國派出了史上少見的龐大代表團 —— 五位副國級或部長級官員同時出席，包括副總統、國務卿、國防部部長、財政部部長、商務部部長等高官。美國當時的副總統拜登專門談到，第四次工業革命給全球帶來的諸多挑戰中，他最擔心的是，普羅大眾尤其是中產階層能否受惠於此；如何避免第四次工業革命帶來的利益的重新調整，使得少數人受益、多數人受苦的尷尬局面再度出現。不過，大部分美國官員都對第四次工業革命的前景表示樂觀。美國當時的國務卿克里甚至說，美國從來沒有像今天這樣面對如此眾多的利好，這些利好兌現可望進而幫助解決一些重大的全球問題。

那麼，第四次工業革命會給中國帶來什麼？中國將成為第四次工業革命的受害者嗎？

（一）前三次工業革命，中國都沒有完全趕上

什麼是第四次工業革命？根據世界經濟論壇創始人施瓦布教授的定義，這四次工業革命可以進行如下劃分：第一次工業革命始於 1775 年瓦特改造蒸汽機，第二次始於 19 世紀末的電氣化革命，第三次始於 20 世紀 50 年代

的計算機革命，而第四次工業革命，則是包括計算機普及帶來的信息化、3D 打印和機器人等新型技術帶來的製造領域革新以及生命科學技術帶來的人類健康和生活方式改變在內的一次綜合性革命。

施瓦布教授認為，這次工業革命將比以往三次革命帶來更加深刻的變化。世界經濟論壇的參與者以及施瓦布教授都特別強調，歷次工業革命的列車都落下相當數量的全球乘客，如世界上仍有 17% 的人口至今沒有享受到第一次工業革命帶來的福利；而以計算機應用為標誌的第三次工業革命，至今仍落下了全球一半的人口，他們與電腦上網等毫無關聯。毫無疑問，第四次工業革命中一定會產生新的贏家與輸家，這趟列車非常有可能比前三次工業革命落下更多的乘客。

那麼，雄心勃勃要實現現代化的中國會錯過第四次工業革命嗎？我們會被第四次工業革命遺忘嗎？我們能不能搭上這一輪革命的列車，從而徹底實現工業現代化？這並不是一個看起來虛擬自設的問題，仔細想來，這甚至是一個嚴峻的課題。

前三次工業革命，中國都沒有完全趕上，至少比全世界慢了半拍。其中，前兩次工業革命讓中國陷入了落後捱打的尷尬局面；第三次工業革命中國很早就有所覺醒，當時中國研製出的第一台計算機 DJS—130 基本與日本研製的計算機同步，但是到了改革開放的初期，中國在計算機的硬件和軟件方面就全面落後了。我們只是搭上了第三次工業革命列車的後半節，而並不是最快搭上這趟快速列車的乘客。

（二）中國參與第四次工業革命的三大底氣

對於第四次工業革命，我們首先必須有一定的底氣和自信心，這其中的理由至少有三個。

第一，改革開放以來中國教育的飛速發展。中國高等教育的毛入學率，20 世紀 80 年代初僅有 2%，而到 2015 年已經達到 40%，在各省區市中名

列前茅的吉林省，更達到了 52％。對於一個人均 GDP 僅有美國 1/5 的國家，尤其是考慮到中國大學生的輟學率遠比美國的 25％ 低得多，這是一個極其罕見的成就。特別值得關注的是，中國每年約 700 萬大學畢業生中，至少有 100 萬來自自然科學類學科，而工程類學科畢業生則至少佔 30％。與此同時，中國的理工科教育遠比世界上其他國家，尤其是美國、英國等發達國家更加系統與嚴謹。在英美等發達國家，本科以通識教育為主，學生在工程技術方面的基本訓練遠遠不及中國。而中國工科類畢業生，基本都初步具備直接參與工程技術工作的能力。中國有大量的工程技術人才儲備，這是我們能搭上第四次工業革命最基礎的資本。

而且，最近十幾年，中國工業界在若干領域已經取得了舉世矚目的進步，在高鐵、建築工程設備、通信、無人機等方面，中國不僅毫無疑問跨入了全球第一陣營，甚至在第一陣營裏取得了領先地位。我們可以有信心地講，未來 5—10 年，中國還有望在軍用、民用飛機發動機以及大客機方面取得一些突破性的進展。中國目前在科學技術和工業方面的迅猛發展勢頭，也反映在中國每年申請專利的數量以及工程、自然科學論文的發表數量和被引用量都進入世界第一陣營上。

第二，中國仍然有巨大的市場。其中，中國汽車、高鐵、特高壓、輸變電、發電等市場的規模都位居世界前列，而民用航空也會在不久的將來躍居世界第一。這些巨大的市場為中國參與第四次工業革命創造了前所未有的巨大優勢。因為有了巨大的市場，就可以制定中國標準，而標準制定者往往在技術突破和工業化中佔據重要優勢。同時，巨大的市場也會孕育出大型的公司，如華為、美的等，都是世界上相關行業第一陣營的大型公司。大型公司具有強大的資金支持和研發能力，在參與第四次工業革命時具有巨大的優勢。

第三，中國經濟總體上仍然處在良好的較快增長勢頭中，與其他國家經濟普遍下滑形成鮮明的對比。中國經濟的增速仍然保持在 6％ 以上，即便目前碰到了一些困難，但高新技術產業增加值的增長速度仍然高於整體經濟的

發展速度。與此密切相關的是，中國目前仍然是全球最高儲蓄率的經濟體，官方公佈的儲蓄率達到 45％左右，當然這一數據有一定的高估，根據我的研究，中國目前的國民儲蓄率為 38％左右，這在全球範圍內仍是一個很高的數字。2013 年，美國國民儲蓄率僅僅為 17.6％，日本為 21.8％（美國和日本數據來自世界銀行 WDI 數據庫），中國是少有的擁有巨額儲蓄的經濟體。而資金是科學技術轉變為企業發展動力的助推器，有了這一強大的助推器，任何技術都能夠較快落地。

（三）惡補短板：
在制約創新的制度改進上要適當超前，領先開放

儘管有上述三點重要優勢，但是我們也必須看到，面對第四次工業革命，中國當前最大的短板，同時也最令人擔憂的，是我們的制度會不會制約創新能力。第四次工業革命一定會給現有的制度帶來巨大的衝擊，如果制度不加以改進，那麼必將成為第四次工業革命的桎梏。

比如說，互聯網技術的運用，給傳統出租車行業帶來了衝擊。現代技術允許每個人用私家車作為商用車，私家車與商用車的界限越來越小。過去，出租車司機與打車者通過出租車公司的執照撮合而形成了相互信任的關係。過去，運營車就是運營車，必須由公司購買，交由勞動者使用。今天，私家車大量閒置，本身就可以用作運營車。這就需要法律做出界定，需要給民間的閒置汽車和勞動力一個相對寬鬆的環境，將這些私家車轉變為出租車。

再比如說，無人駕駛汽車必須要通過制度的創新才能夠上路，若沒有清晰界定的制度保證，無人駕駛汽車若出了問題由誰來負責？其中廠家應該負什麼樣的法律責任？如果一輛無人駕駛汽車與另一輛有人駕駛汽車發生了碰撞，如何界定責任？無人駕駛汽車的行為標準和有人駕駛汽車應該有什麼不一樣？

再比如說，隨着生物科技的發展，個性化的基因測序很快將大規模市場化，在這種情況下，誰可以擁有個人的基因信息？在什麼情況下，藥廠、保險公司和醫院可以獲得這些信息？更敏感的話題是，未來生育將有可能與今天完全不同，代孕是不是可行？誰擁有生育的權利？誰能夠控制自己的基因？這些重大的問題必須在法律上進行突破。

我的呼籲是，面對第四次工業革命，中國應該在意識上適當地超前，否則我們將有可能在相關領域的競爭中輸給對手，因為在技術日新月異的今天，即使起步只是比別人稍晚一點，未來我們與領先者的差距也有可能越拉越大。

在與第四次工業革命相關的法律問題上，我們應該抱持一種開放的心態；在局部領域，要給新的技術打開一個窗口，讓領先者不斷地去探索創新。中國不僅應該成為第四次工業革命的搭便車者，更應該成為一個引領者，這就要求我們在制度上要創新，要有所領先；膽子大一點，寧肯多放開一點，有問題再修改，也絕對不要有寧慢勿錯的封閉心態。

中國從來沒有像今天這樣與世界領先的技術浪潮如此接近。第四次工業革命是一次新的浪潮，在這個過程中，中國絕不應該淪為落後者，這就要求我們在約束技術進步的制度上要適當地領先開放。如果制度創新跟上了，中國完全能夠成為第四次工業革命的領跑者。

八　什麼是中國與世界的新常態？

新常態是 2008 年金融危機爆發以後，近年國際上描述發達國家經濟與金融狀況的一個常用說法。該說法在最近兩年的冬季達沃斯世界經濟論壇上頻繁出現。「新常態下，我國經濟發展表現出速度變化、結構優化、動力轉換三大特點，增長速度要從高速轉向中高速，發展方式要從規模速度型轉向質量效率型，經濟結構調整要從增量擴能為主轉向調整存量、做優增量並舉，

發展動力要從主要依靠資源和低成本勞動力等要素投入轉向創新驅動。」[1]

　　新常態對於中國和世界到底意味着什麼？對這一問題的判斷，無疑是一個影響中國經濟、社會以及企業相關決策的重要課題。以下，我們分別針對發達國家、除中國之外的新興市場國家以及中國這三類經濟體，分析其各自發展的新常態。由於分析過長的年份需要更加粗線條的研究框架，精準度也隨之下降，這裏將時間窗口設置為未來三年到五年的中期發展階段。

（一）發達國家的新常態

　　在 2008 年國際金融危機爆發六年之後，發達國家陸續進入後危機時代的恢復進程，不僅英國、美國，即使是危機深重的希臘、西班牙，也已經全面進入逐步走出危機、不斷修復創傷以及調整引發危機的深層次問題的階段。

　　對於英國、美國等國，新常態意味着經濟總體增長速度比之危機前略有下降，但最重要的是，這些國家在危機後的增長主要來自金融、房地產、高科技、高端服務業等領域，因此其所面臨的最大挑戰，是如何協調經濟發展與經濟恢復過程中的社會矛盾。尤其突出的問題是，全球化的大格局導致發達國家一大批低技能人群喪失了競爭力。以美國為例，儘管失業率不斷下降，但有大量人口長期失業，且已不再納入失業率統計。因此有人講，美國的恢復是富人的恢復，收入差距在擴大。在英國，雖然經濟增長速度並不低，但是員工的薪酬卻在下降，這是連英國人自己都感到分外吃驚的經濟現象。

　　綜合分析，西方發達國家新常態的主要特徵是：在全球化的壓力下，國內政治民粹化，變革的矛頭指向資本精英，那就是更加強調分配的公平性，

1　《十八大以來重要文獻選編》中，中央文獻出版社 2016 年版，第 774 頁。

強調對市場機制，尤其是金融市場的約束，同時，對於社會高收入人群的稅收也會有所提高。這一點從最近一個時期以來，法國經濟學家托馬斯·皮凱蒂（Thomas Piketty）的新作走紅並引發熱議中可以得到一定的佐證。

（二）中國之外新興市場國家的新常態

中國之外的新興市場國家，在 2008 年金融危機初期所受到的影響相對有限，而從 2009 年開始，當發達國家大規模推行量化寬鬆及其他寬鬆的貨幣政策之後，大量資本湧入新興市場國家，再加上中國經濟迅速恢復所帶來的對大宗商品需求的上漲，新興市場國家的經濟出現了一輪興旺、蓬勃發展的可喜格局。不幸的是，這一輪發展的基礎並不牢固，因為不少國家的市場機制並不牢固，宏觀管理並不夠穩健，所以從 2013 年年初開始，當美聯儲宣佈將逐步退出量化寬鬆政策的時候，新興市場國家遭到了新一輪撤資的衝擊。可以預計，在受到發達國家貨幣政策調整的影響之下，這些國家的新常態將是經濟整體增長速度的低迷，而這個低迷的過程，又會刺激一部分新興市場國家不得不推行一些面向市場化的經濟體制改革。

所以，新興市場國家新常態的基本主題，是在低增長時代尋求經濟體制的改革，試圖為新一輪的增長創造一個制度基礎，簡而言之，「向右轉」。可以肯定的是，部分新興市場國家能夠抓住機遇，推行改革；而其他一些國家很可能迴避改革，將自己的經濟推向更加艱難的境地。

（三）中國經濟的四種新常態

許多分析家認為，中國經濟新常態的基本點就是增長速度的逐步下降，以及債務水平的逐步調整。在我看來，這些分析不一定全面，其原因在於，這些分析過多地關注宏觀經濟的表現，而我們需要更加深入地分析中國經濟新常態的一些內涵，即那些潛在的、非常重要的經濟、社會現象將決定中國

宏觀經濟的新常態表現。綜合來看，中國經濟的新常態，將有以下四個方面的重要表現。

1. 新舊增長點的拉鋸式交替

這將是中國經濟新常態最明顯、最突出的一個特點。中國舊的增長點有兩個，一是出口，二是房地產，它們將會逐步地、有一定反覆地退出。其中，出口的增長將直接受到國際經濟波動的影響而出現各種波動和反覆。總體上講，因為中國經濟的體量在不斷增長，而世界市場將難以支撐中國出口的持續增長，所以，出口以及貿易順差佔中國 GDP 的比重將不斷下降。但這個過程不是線性的，而是波動的。

在中國城市居民基本住房需求大致得到滿足這個大背景推動下，加之金融市場的調整使得百姓的投資回報率上漲，房地產增長也會出現波動式的下降。這些舊增長點波動式的下降，將與新增長點不斷波動式的上升交織，為整個宏觀經濟的增長帶來陣痛。

中國經濟的新增長點有三個。第一是長期性的、公共消費型的基礎建設投資。這些投資包括高鐵、地鐵、城市公共設施建設、空氣和水污染的治理等。第二是各種生產能力的轉型和升級，包括高污染、高能耗的產能的升級，這也不可能是線性的、平穩上升的，一定會出現波動，這與資本市場融資成本的高低以及政府產業政策的調整有密切的關係。第三是居民消費，中國的居民消費佔 GDP 的比重已是每年上升 0.7%，目前已升至 47% 左右。

問題的關鍵是，舊增長點的退出是波動性的，新增長點的發力也不是平穩的，因此，未來三五年的經濟增長速度將會出現波動。這種波動與中國傳統的宏觀經濟波動不同，傳統的宏觀經濟波動更多來自總需求的波動，包括投資需求的波動，因此政府需要經常性地踩剎車，通過各種政策和行政手段來應對。而在中國經濟的新常態下，宏觀經濟波動的本質是新老增長點的交替。這種交替將不斷導致增長的內在動力不足。因此，宏觀政策在這段時間基本的主題將是穩增長，採取各種措施來為新增長點催生。其中最重要的一點可能是公共消費型基礎建設投資的投入。這種投入在一定程度上講需要政

府來主導，這也是政府穩增長的主要發力點。

與此相關的是，中國由於國民儲蓄率高企，所以目前高達 200% 左右的債務 /GDP 比例還會提高，所謂的去槓桿的進程短期不會來到。高儲蓄帶來的高槓桿是合理的，關鍵是其結構中，有政府擔保的長期債務大有必要提高。

2. 漸進式的經濟結構調整

中國經濟新常態的第二個表現事實上已經出現，那就是潛在的、漸進式的，並沒有完全被觀察者所識別的結構調整。這種結構的調整具體體現在以下幾個方面。

一是勞動工資率的持續上漲，尤其是藍領工人的工資上漲，其背後的原因是剩餘勞動力的減少殆盡。與藍領工人工資以兩位數上漲、明顯超過名義 GDP 增長速度形成對比的是，總體上資本的收益率在下降。事實上，當前中國已經處在資本成本較高的一個階段，這種實際利率達到 3% 以上的情形在改革開放年代並不多見。相信經過下一輪改革，實際利率將又會下降，畢竟中國經濟的基本特點是高國民儲蓄率。就算按照目前的水平，藍領工人勞動工資上漲已經帶來了資本取代勞動力的趨勢，各行各業都在想方設法提高資本對勞動力的比重。伴隨資本取代勞動力，資本積累將會加速。

二是實際推進的結構調整，是隨着新型城鎮化的發展，除特大型城市外，戶籍已經基本放開，中國勞動人口將實現 60 年來的第一次自由遷徙。今後，中國經濟的區域佈局將超出行政規劃的約束，呈現各城市、各地區競爭高質量人口的格局，中國的經濟地理將會發生重大變化。這一進程對中國經濟發展的影響將極為深遠。

三是居民消費的比重、服務業的比重均不斷上漲。而且，服務業不只是生產性服務業，也包括物流、配送、電商、金融服務等消費性服務業。勞動就業的主要流向也在服務業。

3. 改革進入深水區

改革進入深水區也將是中國經濟的一個新常態。本輪改革的決心和目標

以及覆蓋面可以說是前所未有。與此同時也必須看到，改革的阻力恐怕也前所未有。

改革的動力應該來自兩個方面，一個是上層推動改革的能量。這種自上而下的動力現在非常充足，中央特別成立了全面深化體制改革領導小組。但問題是，本輪改革中，基層政府與國有企業顯得相對比較被動，整體上缺少創造力、能量不足。其原因是多方面的，其中一個比較重要的方面是一些官員激勵不足，膽小怕事。

目前經濟領域最引人矚目的三大改革，第一是金融體制改革。這一改革目前是自上而下推進的，所以進展相對順利，利率市場化未來兩年到三年內有可能基本完成，民間資本創辦的銀行已經開始佈局，資本賬戶的開放也已提上議事日程。第二是財政體制改革，其目前處在規劃之中，重點是完善稅收體制、劃分中央與地方的財政關係。這種自上而下的改革也許在不久的將來可以得到推進。第三大改革，是大家一直關注的國有企業改革。國企改革的根本在於進一步的市場化，在於把國企與政府進一步地分離，在於國企要進一步地資本化運營，但是這些方面的探索目前遠遠不足。總之，改革進入深水區將是中國經濟的新常態。

4. 國際經濟領域中國要素的提升

改革開放以來，中國基本處於一個接受國際經濟規則、融入國際金融體系的大進程中。但時至今日，國際格局已經發生了重大變化，中國已經是世界經濟艦隊中的萬噸巨輪，由於國民儲蓄率高企，資金雄厚，很快將成為世界第一大投資國，對外投資超過吸引外資，企業規模也隨之不斷擴大。因此，中國與世界的互動已經成為一個雙向反饋的過程，不僅中國經濟要進一步接受國際規則的要求、提升國際化水平，同時，中國也在不斷對世界經濟的運行規則提出自己的修改意見，不斷通過各種運作讓國際社會接受自己的一些基本訴求，比如，參與創辦包括金磚國家新開發銀行在內的金融機構，以此來改善國際經濟秩序。中國已經不是一個簡單的國際規則的接受者，而逐步地變成一個積極務實的行動者，通過對國際經濟秩序提出改革意見，讓

國際社會更好地接受中國經濟的存在。這也是未來中國經濟的新常態。

總之，全球金融危機爆發以後，中國與世界都進入到一個新常態。這個新常態本身就是一個動態的、不斷塑造新的中國與世界大格局的過程。認真分析、抓住機遇，是中國經濟的所有參與者需要學習的必修課。

九　中國經濟還有趕超空間嗎？

自 2013 年以來，中國經濟增長速度放緩，國家統計局最近發佈的數據顯示，2019 年第三季度，GDP 增速降到了 6.0％。學術界一個比較主導性的說法是，中國經濟已經結束趕超時代，未來增速持續下降將是一個長期趨勢。他們的理由主要有兩個。第一，中國人均 GDP 將達到 1.1 萬美元的水平，根據歷史經驗，當一個經濟體的人均 GDP 達到這一水平時，經濟增速往往會不斷下滑。第二，從國內因素來看，人口老齡化已經成為大趨勢，總勞動力已經飽和；在不久的將來，勞動力供給將不斷下降。

這類分析並沒有抓住中國經濟增長最根本的性質，沒有看到中國經濟增長最基本的潛力。實際上，如果措施得法，通過一段時間的調整和改革，中國經濟應該能夠重回趕超軌道。

（一）趕超的邏輯

研究一個經濟體是否有繼續增長的潛力，一個重要指標就是這個經濟體與世界領先經濟體的差距。因為在技術、商業模式創新等動力的推進下，領先經濟體還會繼續保持增長，其人均 GDP 發展水平並非停滯於一個絕對值。

當今世界，經濟領先的國家是美國，2018 年，其人均 GDP 達到了 6.3 萬美元。而按照購買力平價計算（1 美元約等於 4 元人民幣），中國人均 GDP 仍然不到美國的 30％。而在歷史上，人均 GDP 達到 1.1 萬美元的經濟

體，與美國當時的人均 GDP 相比，差距是比較小的，因為當時美國的人均
GDP 遠遠低於 2018 年的 6.3 萬美元。

所以，從這個角度看，我們不能按照絕對水平來觀察中國經濟的增長潛
力。在商業模式、生產技術、市場開發、管理理念、體制改革等方方面面的
趕超中，中國經濟仍然有巨大的增長空間。

（二）中國滿足突破「中等收入陷阱」
的「三好學生」標準

最近一個時期，清華大學中國與世界經濟研究中心專門研究了所謂「中
等收入陷阱」的問題。我們發現，第二次世界大戰後的 70 年來，世界 100
多個國家和地區中，只有 13 個國家和地區實現了「中等收入陷阱」的突破，
即人均 GDP 從 4000 多美元上升到 12000 美元（世界銀行的標準）。這些國
家和地區分別是葡萄牙、希臘、馬耳他、以色列、韓國、塞浦路斯、中國台
灣、西班牙、日本、阿曼、愛爾蘭、中國香港和新加坡。我們發現，三個條
件使得這 13 個國家和地區實現了「中等收入陷阱」的突破，我們稱之為「三
好學生」標準。

中國今天完全滿足了「三好學生」的標準。

第一，市場經濟制度是否已經在一個經濟體中生根發芽。答案是肯定
的，中國經過多年的改革與開放，雖然在經濟體制方面仍然有持續改進的巨
大空間，但不可否認的是，市場經濟已經深入人心，市場改革的方向不可
動搖。

第二，人口素質與人力資本是否達到基本標準。中國的公共健康水平，
在全球各國尤其是新興市場國家中是領先的；中國人口的受教育水平，比
之於其他新興市場國家尤為突出，高等教育毛入學率已經上升到 37.5%，15
歲以上人口文盲率下降到 4% 以下，相比之下，印度是 30%，而中國的文盲
標準明顯高過一般新興市場國家。公共衛生水平（包括人均預期壽命）和人

口受教育水平的不斷提高，將為中國經濟增長提供最基本的條件。

第三，是否對發達經濟體開放。中國經濟多年來快速發展的寶貴經驗是對外開放，特別是對發達國家開放。尤其在投資和進出口方面，中國始終對發達國家開放。當一個國家對發達國家開放的時候，其經濟增長水平會不斷與發達國家靠近，這也是日本人所說的「雁陣模式」。

（三）人均 GDP 達到美國 20% 之後的預判

既然中國當前人均 GDP 水平是美國的 20%，而且更重要的是，中國人均 GDP 達到了歷史上超越「中等收入陷阱」的經濟體的水平，那麼，中國經濟未來 15 年的增長潛力到底是多少呢？

我們來看歷史上 13 個國家和地區在達到美國人均 GDP 20% 以後的增長情況：日本、韓國和中國台灣地區始終保持着 7% 以上的經濟增長水平（見表 1），其他國家和地區在此發展階段也繼續呈現出良好的增長勢頭。由此我們應該看到，中國經濟具有巨大的增長潛力。

（四）大國發展的邏輯

我們必須正視一個重要的事實，那就是與東亞其他國家和地區以及歷史上實現中等收入陷阱突破的國家相比，中國是一個幅員遼闊、人口眾多的大國。那麼，大國的經濟增長潛力會大打折扣嗎？

我認為答案是否定的，即，中國作為大國，增長潛力比小國更大。其原因是中國經濟內部相當於一個小世界，還有巨大的內部貿易潛力，目前沒有完全發揮出來。舉例說來，中國各省之間的經濟差距不亞於世界各國的經濟差距。浙江省的人均 GDP 是貴州省的四倍之多，這個差距幾乎等同於中國與美國的收入差距，更重要的是，浙江省與貴州省可以實現全生產要素流動，包括資本和勞動力，這在中美之間是不可能完全實現的。所以，浙江省

的資本還將會源源不斷地流向經濟落後地區，同樣，經濟落後地區的一部分勞動力還會湧向發達地區。這種國內貿易的巨大潛力強調再多也不過分。

更重要的是，由於是大國經濟，所以統一的大市場一旦形成，就能夠不斷地支撐中國企業和產業的發展。以淘寶、京東為例，最近這些電商平台之所以發展迅猛，原因之一固然是它們學習了國外先進的商業理念和商業模式，而更重要的是，國內已經形成了統一的大市場，淘寶、京東可以在全國範圍內統一銷售產品，統一佈局物流，大大降低了每單位交易的成本。

中國巨大的市場也能夠支撐研發，讓研發投入不斷上漲。這就是中國高鐵今天能夠走出國門最主要的原因。高鐵之所以成為中國「走出去」的拳頭產業，恐怕並不是因為中國工程師比德國西門子的工程師更加能幹，水平更高，最重要的原因是中國人口眾多，很多城市人口密集，城市與城市之間的交通量巨大，從而形成了對高鐵的巨大需求，這一需求在世界其他發達國家內部是罕見的。

與此邏輯完全相同的就是，中國的建築、工程機械企業也已經成為世界級龍頭。所以，今天的中國經濟比之於當年的韓國、日本、中國台灣地區應該具有更大的增長潛力。

而大國經濟這篇文章要做好，關鍵是要打破省與省之間、區域與區域之間人口流動的羈絆。一旦勞動力能夠在各省之間進一步流通，中國經濟從全域上將會出現新一輪的發展。其中的具體機制就是城鎮化。需要特別注意的是，城鎮化進程的推進並不意味着每一個地區的經濟會同步上漲。比如說，東北地區可能有所下降，但是，其他地區的增長將遠遠彌補東北地區經濟的相對萎縮。

（五）老齡化是致命打擊嗎？

這一觀點十分流行，但筆者十分不贊同。首先，人口老齡化這一因素不能單獨用於分析並作結論，而必須與人均 GDP 發展水平、人口健康水平以

及勞動力素質綜合考慮。

中國人口的平均年齡的確在上升，但是由於健康水平比之於 20 年前甚至於 10 年前明顯提高，同時有大量收入水平低下的勞動力仍然有持續工作的意願和能力。因此，如果制度能夠適當靈活，能夠讓退休制度不但不懲罰延期工作者，而且鼓勵延期工作，那麼，人口老齡化問題就能直接解決。

舉例說來，當前 55 歲的男性藍領工人，平均健康水平要好於其父輩在 45—50 歲時的水平，但是目前的制度強制其中不少人在 55 歲時退休。同樣，50 歲女性勞動力的平均健康水平也要高於 30 年前 45 歲女性勞動力的水平，卻也往往過早退休，大量的勞動力現在浪費在廣場舞和無謂的家務上。一旦能夠適當地延期退休，同時給這部分人增加延期退休福利，消滅年齡歧視，將在很大程度上維繫中國的勞動參與率。

另一個因素也必須考慮，那就是，中國是高儲蓄、高投資經濟體，隨着資本的不斷積累，中國資本與勞動力之比將不斷上升到世界前列。因此，每一個勞動者對應的資本量不斷上升，勞動的生產率還有巨大的提升空間，勞動強度將不斷地下降。這就回到了上面所說的中國人均 GDP 是美國 20%這一基本事實。中國的勞均資本質量和數量還有不斷上升的空間。

從短期來看，人口老齡化其實是促進了中國經濟的結構調整。由於人口老齡化，勞動力供給相對短缺帶動了勞動工資的上漲，又反過來促進了可支配收入的上升，從而拉動了消費的持續上漲，而中國經濟的短板恰恰是消費而不是供給。所以，不管從短期還是長期看，老齡化都不至於成為中國經濟持續增長的致命因素。

（六）國際經濟制度變遷的負面影響有多大

很多人講，當中國經濟作為一個大國經濟不斷上升，美國等大國將採取各種措施限制中國的發展。

的確，美國有制約中國經濟發展、遏制其衝擊世界經濟新秩序的戰略意

圖。但是必須看到，這種戰略意圖能否實現，在很大程度上完全取決於中國如何應對。

發達國家絕對不是鐵板一塊，而美國也不可能完全主導發達國家經濟治理的制度。美國與英國，美國與德國已經出現了對中國的不同經濟戰略。整體來看，國際環境對中國的持續發展還是有利的，並不能說國際因素是中國未來發展的制約性因素。

總之，經過一段時間的改革和調整，在解決當前發展中的一些瓶頸因素，如地方政府的懶政怠政、融資成本過高、淘汰落後產能過慢、清理呆賬壞賬過慢等之後，中國經濟仍然能夠煥發青春，回到中高速增長的時代。中國的企業和百姓對於未來經濟發展的前景應該堅定信心。

十　中國經濟：展望 2035 和 2050

黨的十九大之後的中國經濟有哪些地方值得我們期待？未來若干年中短期的中國經濟發展有什麼特點？ 2035 年基本實現社會主義現代化意味着什麼？到 21 世紀中葉 2050 年第二個百年奮鬥目標實現之時，中國經濟的圖景將是如何？從現在開始，中國經濟必須解決的若干問題又是什麼？這一系列問題都值得國人仔細分析、認真思考。

（一）2020 年全面建成小康社會時的中國經濟

全面建成小康社會是一個綜合性的發展目標，它不僅包含着經濟發展的各項任務和目標，也包含着社會發展等其他方面的任務和目標。那麼，從經濟發展來看，全面建成小康社會意味着什麼呢？

綜合分析，到 2020 年全面建成小康社會之時，中國的人均 GDP 按照市場匯率計算將達到一萬美元左右；按照購買力平價計算，將達到美國的

30% 左右。這一發展水平將十分接近世界銀行所定義的高收入國家門檻。到那時，中國基本上告別了所謂「中等收入陷阱」。

純粹從經濟發展指標來看，達到這一目標並不困難。只要經濟從現在開始到 2020 年保持 6% 的增長速度，這一目標是完全可以期待的。正如習近平總書記在系列重要講話中反覆強調的：「全面建成小康社會、實現第一個百年奮鬥目標，農村貧困人口全部脫貧是一個標誌性指標。」「全面建成小康社會，是我們對全國人民的莊嚴承諾，必須實現，而且必須全面實現，沒有任何討價還價的餘地。」[1] 這恐怕也是從現在開始到 2020 年黨和政府工作的重中之重。

（二）2035 年的中國經濟

黨的十九大報告指出，到 2035 年中國將基本實現社會主義現代化。報告對此給出了比較詳盡的描述：「到那時，我國經濟實力、科技實力將大幅躍升，躋身創新型國家前列；人民平等參與、平等發展權利得到充分保障，法治國家、法治政府、法治社會基本建成，各方面制度更加完善，國家治理體系和治理能力現代化基本實現；社會文明程度達到新的高度，國家文化軟實力顯著增強，中華文化影響更加廣泛深入；人民生活更為寬裕，中等收入群體比例明顯提高，城鄉區域發展差距和居民生活水平差距顯著縮小，基本公共服務均等化基本實現，全體人民共同富裕邁出堅實步伐；現代社會治理格局基本形成，社會充滿活力又和諧有序；生態環境根本好轉，美麗中國目標基本實現。」[2] 那麼，從經濟發展的角度來看，2035 年的中國經濟將呈現

1　《習近平關於全面建成小康社會論述摘編》，中央文獻出版社 2016 年版，第 154 頁。

2　習近平：《決勝全面建成小康社會　奪取新時代中國特色社會主義偉大勝利——在中國共產黨第十九次全國代表大會上的報告》，人民出版社 2017 年版，第 28—29 頁。

出怎樣的前景呢？

從經濟學角度分析，我們可以用兩種方式來加以描述。第一種方式，也是比較常用的方式，就是用絕對的人均收入水平來衡量。按這個標準來看，中國到 2035 年應該能夠達到當前最發達的、人口在 500 萬以上的前 20 個國家的發展水平，即人均 GDP 能達到按 2011 年不變價計算的 2.5 萬到 3 萬美元之間。

但是必須看到，這樣的發展圖像可能並不是中國百姓和決策者心目中的目標，因為世界在變化，各國在發展，實現社會主義現代化對標的也應該是移動的標杆，要達到的是一個相對的標準，即到 2035 年被認為世界上最發達國家的標準，這是第二種方式。

經過仔細的分析，我們認為，中國完全有可能於 2035 年進入那時世界上最發達的、人口在 500 萬以上的大中型國家的行列。換句話來講，按經濟發展水平和老百姓生活的富裕程度來看，中國完全可以達到人口在 500 萬以上的大中型國家的前 30 強水平。按照今天的圖像來看，那就是能夠達到以色列、葡萄牙這些國家的水平。中國的人均 GDP 按照當前的購買力平價標準來看，將達到美國的 60％左右，經濟總量將是美國的兩倍左右，這是一個極其具有里程碑意義的指標。因為歷史的經驗告訴我們，一旦一個國家的經濟發展水平達到美國的 50％以上時，它的經濟發展一般將會相對比較平穩，金融危機、經濟危機、外部衝擊、社會動盪等因素對經濟和社會的影響都較容易得到化解。

（三）2050 年的中國經濟

根據我們的綜合測算，到 2050 年，中國建成富強民主文明和諧美麗的社會主義現代化強國的目標在經濟發展方面應該能夠實現。在經濟發展水平上講，中國那時候完全有可能邁入全球最發達的大中型國家的前列，人均富裕水平能夠進入那時大中型國家的前 20 位之內，按照購買力平價計算的

人均生活水平應該能達到美國的 70% 左右，經濟總量將達到美國的 2.5 倍以上，甚至接近 3 倍。在綜合國力上，中國將穩居世界的前列，並有望在科技、創新、環境保護、生態文明建設、人力資源發展、人均壽命等方面居於世界前列。

我們認為，這一增長目標並非遙不可及：只要中國 GDP 增長速度在未來十年保持 5.5%，接下來的十年保持 4%，在最後的 13 年保持 3%，以上所描述的發展目標將得以實現。

這裏我們的假設是世界發達國家的 GDP 平均增長速度為 2%，這也是過去 20 年裏發達國家的 GDP 平均增速。當前，國際上大部分經濟學家認為，未來一段時間，發達國家的增長速度將會放緩，其原因是人口老齡化和科技進步增速放緩，而後者被認為是根本性的原因：他們認為，過去 50 年生命科學技術的發展給人們生活帶來了巨大的變化，汽車從無到有，住房從小到大……這些變化都是實質性的，未來幾十年的變化將是局部性的，在已有的基礎上進行升級。總之，發達國家未來二三十年的增長速度一般被認為不會超過過去 20 年的增速。

（四）實現中國發展的宏偉目標必須付出艱苦努力

要想實現各個發展目標，必須付出艱苦卓絕的努力。

第一，必須發揮大國發展的優勢，把解決發展不平衡轉變為發掘增長的動力。當前，發展不平衡是中國經濟突出的問題。這種不平衡表現在許多方面，尤其表現為區域間和城鄉間的發展不平衡。這種不平衡，完全可以通過政策和體制的改革轉變為增長的動力。比如說，江蘇省與安徽省相比鄰，而江蘇省的人均收入水平居於全國各省前列，是安徽省的兩倍，安徽省正在全速趕超，這種趕超和人均收入差距的收斂恰恰是增長的動力。

第二，必須持續改善勞動力素質和人口素質。未來的經濟是國與國勞動力素質和能力的競爭，誰的勞動力水平高，誰將獲得更多的就業機會和高水

平的生活。未來的社會也將是機器與人的競爭，機器將大規模地代替簡單的勞動，而複雜的勞動比如說看護老年人和各種各樣的社會服務，機器就很難取代 —— 這種服務必須由水平日益提高的勞動者來提供。當前中國大學毛入學率已經達到 48.1％，相對而言，高中教育急需普及。未來的勞動力必須有一定的人文素養，在進入服務業時，才能肩負起應對老年社會的挑戰，不會被簡單的機器所代替，顯然，這是中國未來需要不斷提高的。同時也需要指出，勞動力素質的提高也是有效勞動供給的提高，而這恰恰可以用來解決人口紅利縮小帶來的挑戰。

第三，必須應對人口老齡化的負擔。人口正在迅速地老齡化，這是中國發展的特點。要想有效應對老齡化，應當推出「社會養老」和「家庭養老」相結合的中國特色的解決方案。純粹依賴社會養老，社會成本將居高不下，美國 2017 年就有 18％ 的 GDP 用於醫療開銷；完全依賴家庭養老，隨着社會變遷也不現實，因此需要探索中國特色的養老體系。

第四，必須嚴防系統性、區域性金融風險的發生。從歷史經驗，尤其是拉美國家的歷史經驗看，這種風險是對經濟發展進程最強烈的衝擊。一場金融危機帶來的可能是十幾年甚至二十幾年的發展倒退，而中國金融體系在當下不可否認地蘊含着可能誘發系統性風險的因素。例如，中國的貨幣存量佔 GDP 的比重全球最高，巨大的流動性形成的「堰塞湖」隨時可能在國際因素的驅動下演變為巨大的不穩定因素，這一問題需要系統性的解決方案。目前來看，中國金融系統已經進入調整階段，廣義貨幣存量增速與名義 GDP 增速基本持平，這是一個極好的發展態勢。未來若干年還必須繼續艱苦努力，持續下調廣義貨幣存量增速，同時提高包括債券在內的直接融資比重，通過債市、股市的發展，減少中國經濟對銀行貸款及其導致的廣義貨幣存量的依賴。

總之，經過艱苦的努力，中國經濟有望實現黨的十九大報告所描繪的美好藍圖。中國將成為未來幾十年世界經濟發展的火車頭，乃至世界各國經濟發展的榜樣。

第二章

金融與房地產

一 中國金融發展大脈絡

自 1997 年亞洲金融危機爆發以來，中央每五年召開一次全國金融工作會議，每次均帶來金融格局的重要變化。2017 年全國金融工作會議有哪些最值得關注的要點？從中我們能否看出未來五年中國金融發展的大脈絡？

（一）防控金融風險是未來五年金融工作重中之重

2017 年全國金融工作會議最突出的一點就是反覆強調防控金融風險，把防控金融風險提到了一個從未有的高度。圍繞防控風險，全國金融工作會議提出金融要回歸本質，即要為實體經濟服務，而不可自我循環。

為了防控風險，2017 年全國金融工作會議也提出必須加強監管，具體的措施是建立一個全國性的金融穩定發展委員會，穩定就是要防控風險，發展就是要為實體經濟的發展服務。

我預計金融穩定發展委員會將是一個行政級別和權威度明顯高於「一行三會」中任何一家機構的實際執行機構，而不僅僅是一個議事機構或者協調機構。因此，我們可以預測，金融監管的力度在未來五年將提到一個從未有的高度。

為實體經濟服務，控制金融風險，加強金融監管，這一切都離不開改革。因此，改革也很自然地成為這次全國金融工作會議的一個關鍵詞 —— 用改革的辦法來促使金融體系為實體經濟服務，防控金融風險，加強金融監管。

（二）當前中國金融業發展的三大「超前」

為什麼 2017 年全國金融工作會議把防控金融風險作為重中之重？我的理解是，當時中國金融業的問題可以用三大「超前」來總結。

第一個「超前」發展是金融體系的流動性超過了實體經濟的實際需要。2008 年國際金融危機爆發以來，中國經濟的流動性不斷攀升，按廣義貨幣計算，彼時已經約為實體經濟的 200％，不管是看絕對量還是看相對 GDP 的比重，都處於全球第一。這一情況蘊含着巨大的風險。實際上，筆者多次指出，這是中國經濟最大的「堰塞湖」。

有人講金融體系既要避免「黑天鵝」，又要提防「灰犀牛」，中國金融體系最大的「灰犀牛」，就是流動性嚴重超前於實體經濟的需要。在發達經濟體中，金融資產的存量，尤其是固定收益的金融資產存量並不低於中國，但是它們的結構與中國不同。中國經濟中流動性金融資產，即銀行存款加貨幣的存量，遠遠高於債券的存量（兩倍以上），而美國等發達經濟體卻相反。這就為中國的金融穩定埋下了隱患。

第二個「超前」發展是部分金融服務超前於實體經濟的發展。這主要體現為大量的金融交易都是自我循環、自娛自樂的。例如銀行之間的拆借十分活躍，銀行間大量的理財產品，其背後的支撐其實是銀行間的相互拆借。非銀行機構與銀行機構之間也有大量的、正常業務之外的同業拆借。保險業資金在前幾年也是過多地流入了股市等領域。這種自我循環式的發展表現為金融行業所產生的附加值虛高，在 2016 年曾經高達 GDP 的 9％左右，已經接近甚至超過了發達經濟體金融服務業的附加值水平。

第三個「超前」發展是整個金融市場的發展超前於監管體系和法律體制的約束力。金融市場與其他市場的不同之處在於，金融市場交易複雜，跨時區跨地域，參與人群極其龐雜，易於引發社會群體情緒波動，因此，金融交易必須要有強有力的監管。而且僅僅強有力的監管並不夠，還必須要有法制的力量介入，因為對於嚴重違規的懲戒，監管部門遠不如司法部門有力度。

監管部門的懲戒局限於罰款、限制或者禁止相關違規人員參與金融交易，卻達不到限制相關人員人身自由、強力執行的力度。

中國金融市場的監管延續了過去十幾年來分業監管的格局，而司法部門對於金融行業的了解又非常不夠，其專業知識和技能遠遠跟不上金融部門交易的複雜性，因此金融司法基本上是個空缺。筆者作為全國政協委員，過去十幾年以來反覆提出建議，在上海或者深圳建立高級證券檢察院和高級證券法院，仍在不斷奔走呼籲。

（三）未來五年中國金融發展的大脈絡

根據以上分析，落實 2017 年全國金融工作會議精神，很有可能帶來之後五年中國金融業發展五大走勢。

第一，貨幣存量增速有望逐步下行，而低於名義 GDP 增速。貨幣存量增速相對 GDP 增速的下降，是化解系統性金融風險的根本要求，也是該次全國金融工作會議的基本精神。2017 年上半年以來，由於加強了銀行間以及金融機構之間的拆借管理，銀行體系創造貨幣的速度放緩，出現了多年以來久違的廣義貨幣增速低於名義 GDP 的良好局面。這一格局在之後五年有可能繼續發展，其結果是銀行間拆借的活躍度會持續下降，資金緊密運行的態勢將會持續存在。這對中國金融業發展並不是壞事，會促使各金融機構更加精準地調控自身的資金需求，提高資金管理的水平，更會帶來一大批中小銀行的合併重組。

第二，多元化的小型金融機構將會蓬勃發展。小微企業、創新企業只能由創新型的小型金融機構來對接。這些蓬勃發展的小型金融機構，完全有可能納入政府「大監管」範疇之內。金融回歸服務實體經濟的初衷，就要求多元化的金融服務，所以，之後五年貸款保險、小型貸款、消費金融乃至基於互聯網交易大數據提供金融服務的機構將會蓬勃發展，相關的監管條例也會逐步跟進，這是加強金融為實體經濟服務最具體和重要的措施。

第三，金融服務對外開放的步伐將加快。這是指中國的商業銀行、證券公司和保險公司等將進一步對外開放。中國 15 年前加入 WTO 時所擔心的外資銀行和證券公司蠶食本土金融機構的局面不但沒有發生，最近一個時期以來，中國本土金融服務業更獲得長足發展，顯現出自身的創新能力。而今，中國的金融業更有底氣和理由對外開放。通過對外開放，能夠更好地學習國外風險控制的最佳實踐，同時通過金融業對外開放，也可以化解國際上尤其是跨國公司對中國經濟開放逆轉的質疑。

第四，人民幣國際化將會穩健性放緩。人民幣國際化，本質上要求跨境資本流動逐步開放。當前中國金融市場監管並不到位，流動性相對仍然非常充足，因此，靠簡單的放開跨境資本流動的辦法推動人民幣國際化蘊含着巨大的風險。從該次全國金融工作會議精神來看，人民幣國際化要讓位於以金融為實體經濟服務的要求，也要讓位於控制整體金融風險的需要。人民幣國際化一旦進程過快，將會引發國際投資者對於中國經濟一些不切實的看法，將會直接把國外的金融波動引入中國金融市場。因此，我認為 2017 年之後的五年人民幣國際化將會更加強調穩健而非速度。

第五，金融資產價格將會出現結構性調整。由於整體上 2017 年之後的五年要控制金融風險，低風險金融產品的價格將會上揚，而高風險的金融產品的價格將會下降。例如國債的收益率將有可能下行，高風險債券的企業和地方債的收益率將會提高。又例如，大型藍籌股以及業績穩健的上市企業的股價可能穩步上升，而那些風險較高的中小型企業的股票可能面臨價格適度下行的調整。本質上講，中國經濟強調整體金融穩定性，投資者對風險溢價會調整。因此，總體上講，2017 年之後的五年中國金融市場將會出現結構性調整，對低風險金融資產而言是牛市，對高風險金融資產而言是熊市。

總之，2017 年的全國金融工作會議蘊含着非常重要的信息，必須仔細研讀相關表述，更要仔細觀察後續的落實情況，從中我們能看出未來一段時間中國金融發展的大脈絡。

二　金融體制現代化
是跨越高收入國家門檻的關鍵

　　黨的十九大報告提出「兩個一百年」的奮鬥目標，2019 年至 2021 年則是決勝「第一個一百年」征程的關鍵時期。如果能夠深入推進金融體系的變革，促進實體經濟轉型升級，中國經濟有望在建黨一百年前後跨入世界銀行定義的高收入國家行列。但是，2018 年年中以來，中國經濟出現了新一輪波動，突出體現為微觀主體（尤其是民營中小微企業）信心不足和實際 GDP 增速穩中趨緩。展望未來三年的經濟發展，應當精確判斷形勢並做出調整。

（一）此輪調整原因何在？

　　我們認為，這一輪經濟調整的主要原因是金融過快收縮引發下行壓力和投資者憂慮。2017 年第四季度至 2018 年年底，「資管新規」等政策大幅度抑制委託貸款、信託貸款融資，致使新增社會融資斷崖式下跌。金融收緊一方面導致基建投資快速下滑，另一方面導致中小微企業融資困難，進而給宏觀經濟總體造成負面衝擊。更重要的是，金融收緊、中美貿易摩擦等因素疊加，使得中國經濟在金融領域的深層次問題暴露出來。例如，投資的融資渠道不合理，擠佔銀行信貸資源；不良金融資產處置緩慢，大量金融資源流向低效益但難破產的企業；央行降低的短期利率難於導致企業貸款利率下降，因此傳統貨幣政策帶給微觀企業的獲得感不強等。這些問題都與金融有着密切的聯繫。

　　金融是實體經濟的血液，機體如果沒有血液就無法正常運轉。2017 年年末開始的嚴厲的金融收緊在事實上抑制了經濟自身企穩增長的態勢。與以往單純的總量控制不同，本輪金融收緊是結構性的，以嚴厲控制委託貸款、信託貸款等「非正規」融資為主要措施，出台「資管新規」，強制「影子銀行」

急剎車。

人民幣貸款等其他融資渠道並沒有填補「影子銀行」通道留下的缺口，這造成了 2018 年的新增社會融資的快速下滑。儘管 7 月底中共中央政治局會議釋放了穩增長的信號，但新增社會融資規模在 2018 年下半年各月仍未高於 2017 年同期水平。

誠然，「影子銀行」融資中包含着監管套利、逃避監管的部分，對其進行約束、管理也是合理的。但一方面，很多「影子銀行」融資的初衷是繞開監管，這部分資產回表存在制度障礙；另一方面，「影子銀行」資產「回表」將降低銀行等機構的資本充足率、撥備率等考核指標，這將傳給非金融企業，導致其融資成本增加。

由於中國金融體制的特殊性，國有企業，尤其是與政府關係緊密的融資平台仍被視為擁有隱性擔保的債務主體，因而一旦出現金融收緊，民營企業所受衝擊往往更加劇烈。這好比一個有深水區和淺水區的游泳池，當注滿水時，所有區域都有充足的水源，可一旦開始排水，哪怕是在深水區開排水口，也一定是淺水區先缺水。想要為深水區排水，應想方設法把泳池底填平，也就是要從隱性擔保、基建投融資結構等深層次出發進行改革，不能簡單地「抽水」治理。

（二）以全面推進金融體制現代化為抓手，
推動實體經濟轉型升級

經歷了 40 年的高速增長，中國經濟已經進入新的發展階段，對金融體系提出了更高的要求。未來數年，中國應抓住機會全面推進金融體制現代化建設，深刻變革金融體系，而非簡單地進行總量調整。具體而言，以下五方面的工作亟待解決。

第一，推進基礎設施建設投融資體制現代化。過去數年，中國的基礎設施建設高速發展，對經濟起到了重要拉動作用。然而，也有批評認為中國

的基建已經飽和，不宜進一步投資。基建的合適水平跟一個國家的經濟發展程度、人口密度、地理結構、產業結構等關係密切，精確估算測算一個國家合理的基建水平是困難的。作為一個參考，我們分析了機場、鐵路、油氣管道、公路四種基礎設施的總量、面積密度和人均密度，並將其與美、德、日等發達國家進行比較，發現中國的基礎設施建設仍然具有一定的潛力。

首先，中國機場數量仍然較少。中國有水泥跑道的區域性中小機場數量不僅在考慮人口與國土面積後遠小於美國、德國與日本，即便在總量上也遠低於德國，遠小於美國。其次，考慮國土面積因素後，中國的鐵路、公路里程也落後於德國、日本，遠遠落後於美國，即便考慮地形因素，這一差距也依然明顯。最後，中國的油氣管道總量是美國的近 1/20，考慮人口因素的管道密度遠低於德國，考慮面積因素的管道密度則遠低於日本。儘管簡單的總量與人口、面積計算忽略了許多因素，但的確說明中國的基礎設施建設仍有空間。另一個需要考慮的因素是，由於涉及土地規劃、空間集聚等效應，基礎設施建設應當適度超前於其他經濟組分的發展。例如，地鐵的施工就應適度領先於其他城市建設，否則會受到房屋地基、震動干擾等條件的制約。

同時，基礎設施建設中包含大量「公共消費」項目。城市綠化帶的建設與維護，東北地區冬季除雪除冰設備的改善升級，跨區域的防風防沙林帶建設等都具有這個屬性。由於具有公共品特徵，這些服務很難進行市場化供給，無法確定市場價格。但是，百姓對這些公共消費的需求必然隨着其收入的增加而增加。從這個角度看，中國經濟發展到當前階段，適度進行基礎設施建設是必要的，也是恰當的。

發揮基礎設施建設的潛力，需要對中國的基礎設施投融資體制進行徹底變革。為此，可以成立全國性的基礎設施投資公司，對地方政府的基建項目的規劃、可行性分析等做統一管理，把基建融資從商業銀行的信貸體系中切割出去。

第二，建立金融體系內部高效處置不良金融資產的相關機制，推動金融資產與實體資產同步重組，促進實體經濟轉型升級，提高產業集中高度。根

據不同研究團隊的測算，中國規模以上工業企業中「僵屍」企業佔比7%～10%。這些「僵屍」企業佔用了大量信貸資源，應破產或重整。然而在中國，企業破產重整卻道阻且長。整理全國破產重整信息網信息可知，截至2018年年底被申請破產重整的國有企業共有297家，這一數量僅佔國資委2016年公佈的2041戶「僵屍」企業的14.6%，其中大型國企更少之又少。中國政法大學破產法與企業重組研究中心主任李曙光稱，中國適用破產程序案件的數量不足美國的0.2%、西歐國家的1.16%。更重要的是，中國部分行業正面臨着深刻調整，轉型升級必將要求這些行業提高集中度，這意味着一大批企業的退出，或被兼併重組，或進行破產清算。這給化解問題金融資產提出了更高的要求。中國的金融體系必須做好準備，動員資產管理公司等專業機構消化風險與不良資產。同時，應下決心幫助「僵屍」企業破產或重整，不能任其債務無限展期、越滾越大，無限制地消耗金融資源。具體而言，應鼓勵銀行利用現有撥備消化不良貸款、核銷壞賬；應綜合利用財政、社保等政策解決員工下崗再就業問題；應加快法院破產重整案件的審理進度，強化司法跨區域執行。

第三，大力發展債券市場，使之成為最重要的直接融資渠道。與股票相比，債券的發行、定價更加透明、清晰，債券違約及其後果在法律層面更容易被界定。更重要的是，由於存在明確的還款與利息支付時間，債券融資要求企業承擔更多風險與責任。從國際經驗看，德國等發達經濟體債券市場的體量也超過股票市場，能夠為我們提供有益借鑒。當前債券市場的發展可以從以下幾個方面發力：一是打破銀行間市場與交易所市場的分割，建立統一的債券市場，為個人投資者提供直接參與債券市場的暢通渠道；二是理順產品種類，逐步改變「一個監管機構一個品種」的行政化思維；三是合理處置違約事件，使得投資者承擔應有的投資風險，同時加速破產重整的過程。

第四，推動股票市場的法治建設，夯實法治基礎。從美國、英國等股市發展成功國家的經驗看，股票市場的健康發展依賴於眾多制度條件，不能急於求成、一放了之。當前中國股票市場發展的關鍵是夯實法治基礎，應培養

專業的機構、人才執行資本市場的司法程序。當前，股市監管主要靠中國證監會，而中國證監會缺乏偵查和司法能力和權力，每個案件頂格罰款額度目前不到 100 萬元，遠遠低於規範股市發展的要求。2018 年 8 月上海金融法院正式揭牌，邁出了金融司法專業化的重要一步。但是，僅僅有法院是不夠的，還應該建立證券檢察院並與公安機關經偵部門密切配合，專業化地對資本市場案件進行調查。同時，應加大執法力度，增加處罰的威懾力。

第五，建立金融風險監測與響應機制，及時識別重大金融風險並積極應對。經歷 40 年的發展，中國金融體系的體量大幅度增加，複雜度也顯著上升，因此，亟須建立跨部門、跨市場的金融風險監測與響應機制，對信貸、資管、證券、匯率等進行統一的風險監測，並在發生重大事件時積極應對。

在未來數年，這一機制應着重關注金融市場流動性總體水平與經常賬戶逆差風險。2018 年，央行通過定向降準、逆回購、中期借貸便利（MLF）等各種政策工具維持了短期貨幣資金市場價格的基本穩定。在 2019 年年中，應在此基礎上更加注重長期資金市場價格的變化，打通短期與長期、無風險與有風險資金市場價格的傳導機制。2018 年人民幣匯率經歷了先升值後貶值的波動，全年平均匯率 6.61，維持了基本穩定。然而，2019 年外匯市場仍然面臨一定壓力。隨着貿易摩擦對出口的影響在一定程度上使得匯率承壓。同時，2019 年美國等發達經濟體增速放緩及金融市場估值調整等風險，投資者避險情緒逐步積累，一旦國際金融市場出現波動，人民幣匯率也將承壓。

經常賬戶的逆差風險尤其值得關注。2018 年中國的貨物貿易仍然為順差，但由於服務貿易逆差較大，2018 年的前三季度中國經常性賬戶出現 55 億美元的逆差。2019 年的逆差風險將顯著放大。回歸分析預測 2019 年全年服務貿易逆差約為 3100 億美元，若貨物貿易順差按 2018 年的速度收窄（同比增速 −16％），則全年將出現經常賬戶逆差。由於匯率與資本流動受預期的影響十分強烈，一旦出現經常賬戶逆差，很可能引發投資者情緒波動，造成較大的外流壓力。因此，國際收支仍需謹慎管理。

　　經過仔細測算，我們認為，從現在開始到 2021 年是中國經濟由「中等收入」邁向「高收入」的重要階段。如果能夠深入推進金融體系的變革，促進實體經濟轉型升級，在未來三年保持年均 6.3％左右的實際經濟增速且保持匯率的基本穩定，則中國有望在建黨一百年前後跨入世界銀行定義的高收入國家行列（根據世界銀行 2019 年的最新標準，高收入國家的收入下限為人均國民總收入 GNI 達到 12，056 美元），為全面開啟實現社會主義現代化國家新征程打下堅實基礎。

三　穩經濟的「牛鼻子」 是金融結構大調整

　　2018 年年中開始，中國經濟形勢發生變化，呈現穩中有變、穩中向下的態勢。那麼，當前導致經濟變化的問題到底出在哪裏？其中哪些是長期問題，需要通過機制調整等中長效措施解決；哪些問題通過一系列舉措短期內就可以見效，從而快速穩定經濟？必須要把準脈後，對症下藥。

（一）金融危機後宏觀波動的第五階段

　　2008 年國際金融危機爆發以來，中國宏觀經濟經歷了四個波動期，自 2018 年年中開始，已經進入到第五個階段。第一個階段是 2008 年到 2009 年年中，經濟受到外部環境拖累，出現了短暫的下滑；第二個階段是 2009 年年中到 2011 年，經濟下滑態勢從 2009 年下半年開始逆轉，出現「V」形反彈；第三個階段是 2012 年到 2016 年，經濟增速再次下滑；自 2016 年下半年到 2018 年年中達到了第四個周期，就是經濟相對企穩向好，全球經濟也在 2016 年、2017 年實現了近年少有的全面恢復。但是自 2018 年年中開始，中國的宏觀經濟又進入第五個發展階段，那就是穩中有變，穩中向下。

　　一般認為，2018 年中國經濟下行的壓力主要在於拉動經濟的「三駕馬車」動力不足。第一是外需的疲軟，由於中美貿易摩擦還沒有全面緩解的跡象，因此外需受到了直接影響，尤其是 2019 年上半年中國的出口數據很大程度上會出現比較明顯的下降，因為 2018 年的出口是提前完成的。第二是消費的下行，零售的增速在 2018 年下半年已經開始放緩。第三是投資的低迷，一般分析認為 2018 年固定資產投資的增速在 5.8％左右，其中基礎設施投資增速僅有 3.7％，這些都遠低於 GDP 增長速度。

　　同時，企業投資的積極性不足也是影響投資的一個重要因素，而這背後更折射了中國經濟一些亟待解決的長期問題。

（二）三大深層次問題

　　中國經濟的長期問題主要體現在以下幾個方面。

　　第一個問題是大量的產業面臨着整合、轉型和升級。當前中國大量的產業都處於產能過剩的狀態，這並不奇怪，經歷了 40 年的快速增長，中國的產業組織結構極其分散。以汽車行業為例，目前中國有上百家汽車生產廠，生產能力是顯著過剩的，而一個成熟市場經濟國家的汽車生產廠一般不超過五家。這種現象幾乎在所有的產業中都有體現，所以中國的產業亟須一個不斷集聚的過程，這個過程就意味着一定數量的企業（尤其是中小型企業）將面臨破產退出、兼併重組。因此，不能把當前民營經濟的所有問題都推給缺乏公平的競爭環境、對私營經濟的產權保護不力、融資難、融資貴等淺層次的問題，根本的問題也包括產業集中度不高帶來的規模效應缺乏、低水平過度競爭等問題，很多企業必須做好重組轉型的準備，民營企業家面臨着二次創業或者退出退休的艱難選擇。

　　第二個深層次問題是地方政府發展經濟的激勵不足。導致這種變化的原因非常多，直接原因是現在地方政府的考核已經不再簡單地聚焦經濟發展，而是變得更加綜合、複雜，政府發展經濟的激勵與以往相比明顯下

降。同時，當時推行的「營改增」、地稅國稅合併等政策事實上減少了地方
政府從本地經濟發展中直接獲得的稅收留成比例，這也降低了地方政府幫
助本地企業發展的經濟激勵。種種原因所導致的地方政府懶政怠政、不關
心企業發展的問題，必須從根本上得到解決。地方政府也是參與經濟活動
的重要主體，也面臨着激勵的問題，目前對其的政治激勵和經濟激勵都需
要進一步加強。

第三個深層次問題是國有經濟亟須通過改革重新定位。當下的國有企
業和幾十年前完全不可同日而語。當前的國有企業，一部分是比較傳統的企
業，如格力電器、海螺水泥、東北製藥；還有一部分是超大型的企業，如寶
武鋼。除此之外，還有一類是近幾年興起的地方政府融資平台，這些平台公
司不一定具體經營特定實業，其主要功能是投資和融資，最終的投資對象是
與地方相關的基礎設施項目。這些企業在相當程度上佔用了寶貴的金融資
源，但其投資效率有待觀察。新時代的國有經濟必須重新定位，需要從理論
上回答為什麼需要國有經濟，國有經濟的定位與民營經濟有什麼不同，在此
基礎之上深化改革。

面對這些中長期的問題，必須從進一步深化改革入手尋求突破。簡政
放權、減稅、國有企業改革等毫無疑問是非常重要的，且已備受各界關注。
特別值得強調的是，地方政府發展經濟的政治激勵與經濟激勵亟待加強，而
目前我們對這一點的認識遠不到位。沒有地方政府的積極性，中央政府的很
多政策就難以落地，企業發展，包括民營企業發展，面臨的許多問題也不可
能得到高效解決。經濟運行極為複雜，很多問題不是政府簡單的一「簡」一
「放」就能解決的。企業發展面臨的許多問題，從勞動用工到各種各樣的市
場准入，短期內不可能一蹴而就、改革到位，即便在發達國家，企業創辦和
發展也面臨重重監管和政府許可。當下最需要的是，與企業直接發生關係的
地方政府應站在企業的角度，積極地幫助企業創立和發展，解決和克服其發
展中的體制機制問題，探索切實可行的長效機制。

不過，改革的深化，長期問題的解決，雖然收益深遠，卻絕非一朝一夕

之功。相比之下，當前中國經濟領域最應該推進，且短期內可以取得顯著成效的，是金融改革。

（三）短期穩經濟的「牛鼻子」是穩金融

我們必須看到，影響當前中國經濟運行的主要問題不是出口，不是消費，也不是企業投資的積極性 —— 最直接的問題，從短期來看，就是金融方面的問題。

2019 年之前，出口僅僅佔到中國 GDP 的 15％ 左右，而對美國的出口僅僅佔到 GDP 的 3.5％，如果計算對美出口中真正來自中國本身的附加值則只有 2％ 左右，所以我們可以說，中美貿易摩擦直接影響的僅僅是中國 GDP 的 2％。消費的下行，從短期來看最主要是汽車銷售下降，其主要原因是消費者預期 2019 年會有減稅政策出台，選擇持幣待購。從總體上講，消費是穩定的。而投資的問題，主要瓶頸在於融資受限，其中基礎設施投資領域的融資受限問題尤為突出。這一領域的融資主要來自銀行信貸和債券發行，2018 年銀行信貸收緊、地方政府專項債發行遲緩，金融體系整體的收縮直接影響了地方政府的基礎建設投資。

事實上，隨着中國金融體系的快速發育，產業和金融的深度融合，資產證券化程度的不斷提高，金融對經濟的影響已經與日俱增。當前，中國金融資產相對 GDP 的比重已經高達 400％，也就是說，金融資產已經達到 GDP 的四倍之多。而六年前，這一比重只有 300％，十年前這一比重也還不到 200％。正是由於金融資產的體量和以前大不一樣，因此，金融市場的波動已經成為導致經濟波動的一個重要原因。這在 2018 年的市場上已有明顯的反映。而且，隨着中國金融市場日益接軌國際，其與境外市場的共振增加，更加劇了國內經濟波動的頻率。

所以說，要解決經濟下行的問題，短期內最直接、最有效的抓手就是金融改革。而金融改革的一大要點，則是金融結構的改革。

（四）穩金融的「牛鼻子」是金融結構大調整

總體來看，金融結構調整要做好四件事。

第一，我們要把所有地方政府基礎設施建設的債務融資，包括公開債務和隱性債務，乾淨徹底地從銀行體系中「剝離」出來，轉移到債券市場，主要原因是地方政府的投資項目大部分都是長期性、低回報的，不符合商業銀行業務定位，更重要的是需要商業銀行更具有權威性的機構監督和約束地方政府的投資和融資活動。為了實現這一點，最優策略是成立一家全國性的基礎設施投資公司，統一管理基礎設施建設項目的融資，全面負責可行性分析、債券具體發行、地方政府債務規模控制等各類事務。據相關測算，2019 年以前包括隱性債務在內的地方債佔 GDP 的比重，已經達到了40％甚至更高的水平。如此龐大的債務多用於支持地方基建項目等長期資產，故而需要一個長期融資渠道。根據我們的測算，當時，每年大約 15％的銀行貸款被用於填補地方政府隱性債務。如果我們能夠把這部分債務從銀行體系剝除，對於整個企業部門，尤其是民營企業而言，將是一個重大利好。

第二，金融機構需要精準、主動地去槓桿。可以要求各金融機構把已經上報的呆賬、壞賬定期核銷，比如每年核銷 1/3，三年之內全部核銷，從而及時處置不良資產，有效管控風險，為此，可以給予金融機構相關的財稅配套政策支持。

第三，需要重點發展企業債券市場，債券應該成為企業直接融資的主要工具。相對於股票市場，債券市場給予投資者的回報相對更有保證，對企業約束力也更強，對公司治理質量和信息透明度的要求顯然更低。在中國目前法制不夠健全、公司治理質量不盡如人意的情況下，債券融資應該是發展重點。進一步地，債券融資應該儘快打通交易所市場、銀行間市場和櫃檯交易市場，並在增強機構投資者力量的同時，吸引普通股民從股票投資轉向債券投資。

第四，對於股票市場，亟須大大加強股市基礎性制度建設，尤其是法制建設，徹底加強針對股市違規、違法行為的偵查、起訴和司法判決的力度。當前股市的最大問題就是公司治理質量缺乏制度層面的有效保障，導致公司違規行為（包括虛假信息、利益輸送、內幕交易等）層出不窮且懲處不力。證監系統分支機構僅僅達到省一級，沒有下沉到市縣，而銀保監系統已經形成了「省―市―縣」三級架構。證券相關的違法違規行為往往很難得到應有的懲處，在行政處罰方面，證監會頂格罰款只有 60 萬元，而在刑事判決方面目前最高紀錄就是 13 年有期徒刑。這一處罰力度遠遠低於美國等發達國家，後者超過十年的判罰並不罕見，甚至不乏終身監禁。所以，我們必須大力加強對股市違法違規行為的偵查、起訴、判決以及執行的力度，強化公安部證券犯罪偵查局等機構的辦案能力，增設專業的證券法院和檢察院，增強證監系統的監管能力。

以上幾個措施多管齊下，既能夠治標，也能夠治本，使得中國經濟的增長潛力進一步有效發揮。經過兩三年的艱苦調整，中國經濟有望恢復到健康的增長態勢。

四　金融供給側，怎麼改？
痛點即是改革點

隨着實體經濟供給側結構性改革的不斷推進，當前擺在中國經濟改革日程上一個越來越突出的重大任務是金融供給側結構性改革。金融供給側結構性改革，說到底是要改變金融體系為實體經濟提供融資的方式。其重要性毋庸置疑，因為金融供給側直接影響着實體經濟的結構調整，包括新企業的進入以及產能過剩的舊企業的退出。那麼，金融供給側結構性改革的重點抓手是什麼呢？當然應該是從經濟運行的痛點入手。總體而言，當前經濟有六大痛點，這些痛點即是改革點。

（一）痛點一：基礎設施建設的融資方式

目前，基礎設施建設投資已經佔到我國固定資產投資總額的 1/5 以上，大約為整個 GDP 的 8％。基礎設施建設是這一輪中國經濟的一個重要增長點，同時也是當前提升中國經濟和百姓生活質量的一個抓手。為什麼這麼說？目前家庭中電視機、電冰箱等家用電器的存量逐步達到階段性的飽和，汽車消費的增長已經放緩，當然如果城鎮化進一步加快，這些需求還有潛力，但目前制約很多家庭生活質量提高的因素已經不再是普通消費品或者耐用消費品的存量，而是公共產品的供給 —— 包括清潔的水、清潔的空氣、便利的公共交通、郊野公園等等。這些公共產品的供給籠統地講都屬基礎設施投資的範疇，而為這類基礎設施融資是中國經濟最大的問題之一。

目前我國基礎設施的規劃、建設主體是地方政府，痛點非常突出。他們主要通過三大渠道融資：其一是間接通過銀行提供，也就是通過很多政府和社會資本合作（PPP）項目；其二是通過發行基礎設施投資債。這是由中央審批發債總額，各個地方政府分別申請額度，規模相對不大；其三是通過信託等非銀行金融機構。這些現有投資機構沒有一個能夠對地方政府這個規劃、投資主體形成有效約束。因此，地方政府通常都有過度投資基礎設施、亂融資的衝動。這就形成了地方政府債務過高及債務不透明等問題。目前解決這一問題主要是靠上級政府運動式、「一刀切」的監督，導致基建投資忽高忽低，包括 2018 年的基建投資實際零增長，拖累 GDP 增長至少 0.2％。這就是當前中國經濟的第一大痛點。

解決基礎設施建設痛點的改革，方向非常明確，那就是要形成一個相對比較統一的、專門為地方政府基礎設施投資進行融資的機構，該機構必須有效對沖地方政府行為。這個融資機構要對地方政府的負債及其基建項目進行有效的管理，而最理想的方式就是改造現有的國家開發銀行，讓它全面負擔起大部分地方基礎設施投資的項目評估、融資以及收回款等工作。但是目前看來，國家開發銀行的資金規模和經營能力還不能滿足這一要求，因此需要

設計新的供給機制，比如說建設一個或若干個彼此獨立、可比的、類似於世界銀行的基礎設施開發投資機構，其明確的使命就是有效管理地方政府的基礎設施投資項目及融資。

（二）痛點二：債券融資

當前中國經濟的主要融資渠道還是商業銀行，而銀行作為一種極為特殊的金融機構有其局限性。商業銀行的最大特點是資金來源於散戶，而散戶有極大的流動性。這就要求商業銀行投資必須慎而又慎 —— 這個要求是極為合理的，因此，我們看到銀行投資均是極其謹慎的：在企業與地方政府之間，它更願意給地方政府投資；在大企業和小企業之間，它更願意給大企業投資；在短期項目和長期項目之間，它更願意給短期項目投資……這是商業銀行機制設計天生的缺陷。為了解決這個問題，最重要的一條就是要充分擴大債券融資的渠道。在美國和歐洲等現代市場經濟國家，債券都是最大的融資渠道，與之相比，中國目前債券融資的規模仍有巨大的發展潛力。當前影響債券融資的最主要問題是，債券融資集中於銀行間市場（2018 年這一比例約佔 87％），而不是直接面對個體投資者。應該把債券市場從銀行間交易直接轉向公開交易，或者交給交易所交易，抑或是讓銀行間的債券交易完全打開，面向單個投資者。可以這麼說，什麼時候中國投資者的興奮點從股市轉向了債券投資，中國直接融資的基本渠道也就打開了，金融供給側結構性改革最難的堡壘也就攻下來了。

（三）痛點三：股市的基本司法制度

搞好股市，基礎必須築牢，就好比中國足球必須從娃娃打基礎一樣。股市運行良好的基礎是法治。當前我國股市法治框架非常不完善，違規主要是由中國證券監督管理委員會（證監會）來負責監察處理的。而證監會的權

力相對有限，一般地級市並沒有證監會的下屬機構，因此大量違規現象得不到處置。更為根本的是，證監會本質上是一個監督而非執法機構，缺乏強制力，且罰款額度極其有限，頂格也就區區 60 萬元！[1] 在這種情況下，中國股市的合規情況堪憂，各種造假、內幕交易和違規操作等屢屢發生，而相關人員得不到有力的懲罰。當今世界股市經營較好的國家都有極為嚴格的法治基礎，比如美國在 20 世紀 80 年代股市的法治風波極大地肅清了美股的各種違規現象。中國現在不僅需要在上海或深圳設立證券法院，也需要證券檢察院甚至公安部門的證券偵查局，針對上市公司實現跨地區、全面的監管，並急需認真抓幾個典型案子以警示全體股市參與者。

（四）痛點四：天使投資

　　中國當前私募股權基金的總量極多，投資者對於私募股權投資的熱情極高，但是風險投資基金和天使基金卻相當缺乏，其規模約為私募股權基金總規模的 1/10，而創業企業最開始特別缺乏融資與輔導。在這方面應該出台相應的政策，比如能夠用虧損的額度抵扣成功的利潤，從而減少風險投資者的稅務負擔；再比如天使基金利潤可以分攤到若干年計稅，也可以允許這種風險投資基金面向社會發行，尋找長期的投資者，通過這種方式推動中國創新型企業的發展。

1　從問題出發，我國的相關法律法規在不斷地完善，2019 年 7 月 27 日，證監會新聞發言人在答記者問中表示：「市場和投資者反映的法律規定處罰太輕、中介機構未勤勉盡責追究不到位等問題客觀存在，我們正在會同有關方面，推動儘快修改完善《證券法》《刑法》有關規定，擬對發行人、上市公司及其控股股東、實際控制人信息披露虛假和會計師事務所、保薦人等中介機構未勤勉盡責等證券違法行為，大幅提高刑期上限和罰款、罰金數額標準，強化民事損害賠償責任，實施失信聯合懲戒，切實提高資本市場違法違規成本。」見《60 萬頂格處罰將成歷史！證監會出手了》，《中國基金報》2019 年 7 月 27 日。

（五）痛點五：破產機制

實體經濟的新陳代謝，很大程度上取決於金融資產的新陳代謝，一系列不良資產必須化解。當前中國的一大利好消息是勞動力就業情況良好，失業問題並不嚴重。因此，實體經濟退出的主要障礙是金融重組，所以要特別鼓勵由銀行等金融機構主導破產重組，打破地方政府的利益藩籬，通過金融業呆賬壞賬的處置反過來推動實體經濟的新陳代謝。

（六）痛點六：
製造業利潤相對偏低，金融支持不足

製造業不僅回報率低，而且風險甄別不易，因此金融資源往往願意流向房地產以及地方政府主導的基礎建設項目，而非製造業，這是一個長期存在的問題。金融必須改革創新，着手解決這一問題。一個切入點就是改造當前的信託行業，而不是強迫商業銀行按一定比例或規模蠻幹給製造業貸款。信託公司相比銀行而言，有更靈活的投資機制，包括可以長期持有一些製造企業的股權。當前信託行業在資金方面最大的問題是不能發行長期債券，其資金來源和發行渠道相對較窄。如果能在資金方面放開債務發行，同時在資產方面放開股權投資的話，實體經濟將會得到信託業更好的服務。應該以製造業中的裝備製造業為突破口進行試點，對信託業進行大規模的改革。

當前，金融體系痛點不少也十分突出，金融供給側結構性改革牽一髮而動全身，已經成為中國經濟改革的重要任務，其一旦能夠取得突破，將會對中國實體經濟的供給側結構性改革起到重要的推動作用。

五　地方政府融資
必須從銀行系統切割出去

當前影響中國經濟未來走勢最主要的因素是什麼？

當前大家所談不多甚至忽略的是中國經濟自身的一些問題，其中最主要的是中國金融系統和地方財政融資的問題，在我看來，這可能是目前影響中國經濟走勢的最關鍵因素。

（一）金融問題癥結在於地方政府擠佔金融資源

中國金融系統出現了什麼問題？從當前情況看，貨幣傳導不暢，流動性不能順利注入實體經濟，顯然是一大隱憂。

2018 年一個明顯的表現是，大量的上市公司得不到貸款，股東需要拿自己的股權去質押融資。中國證券登記結算有限公司（中登公司）數據顯示，截至 2018 年 11 月 30 日，A 股市場質押股數 6，414.37 億股，約佔總股本的 10%，質押股份市值合計 4.53 萬億元。相比早些時候，近幾個月質押的股權數量增長，但市值減少，原因在於股價的持續下跌。而當股市下跌時，質押品價值下降，銀行／券商等融資渠道會要求上市公司大股東補充保證金或者擔保品，如果股價跌破警戒線，甚至會強行平倉 —— 儘管這考驗的是股東的現金流，但顯然也會對上市公司的穩定和市值造成壓力，並導致股價進一步震盪，有可能形成負面循環。

擁有融資便利的上市公司尚且如此，大量民營企業，尤其是中小企業，長期以來存在的貸款難、貸款貴問題進一步加劇就不奇怪了。

為什麼企業融資難？ 2018 年資本市場乃至整個社會詬病最多的就是監管部門用「一刀切」的方式去槓桿。這種簡單粗暴地去槓桿政策類似於用減肥的方式餓死癌細胞，後果是身體自身的免疫能力大幅下降，而癌細胞自身

的成長卻無法抗拒，最終的結果是整體的健康水平的惡化，這絕不是治療癌症的好辦法，精準的靶向治療方法才是治療癌症之本。如今的中國經濟的金融體系的根本問題是必須去除大量的低質量金融資產，類似於癌細胞，靠減少貸款、控制社會融資總量的辦法絕不是治本之策。必須靶向治療，解決問題之本。

那麼，大量企業融資不足，這一問題的癥結到底在什麼地方呢？

刨根問底，最根本的問題是中國金融和財政的體制性問題。當前中國的金融體系其實以銀行信貸為主，而銀行願意投放的是低風險、有擔保、利率高、單筆額度大的項目，這恰恰是與政府相關的各種貸款，銀行貸款中有很多是地方政府相關的國有企業貸款，這些貸款的最終使用者是地方政府。在中國的政治體制下，地方政府是沒有獨立承擔能力的 —— 從本質上講，地方政府是中央政府的全資子公司。銀行體系非常清楚，貸款雖然發放給了地方國有企業，但實際上是地方政府使用且負有償還義務，而地方政府是不會破產的（一旦發生問題，中央政府將不得不兜底），所以沒有違約風險。另外，地方政府尋求貸款往往不計成本，且往往是短期行為，因為地方政府官員任期一般不超過五年，在這種情況下，地方政府官員的主要目標就是保證短期內本地的經濟增長和金融穩定，因此，他們不惜依賴期限短、成本高的債務來擴大投資或者借新還舊。

地方政府的債務到底有多少？根據財政部公佈的數據，截至 2018 年年底，地方政府的直接債務餘額約為 18.4 萬億元。除此之外，地方政府還有大量的隱性債務，其中很大部分是地方政府繞過上級政府的監管、通過各種形式借款而形成的。對地方政府的隱性債務，不同研究機構給出了不同的估計，一般說來是在九萬億元到 47 萬億元之間，其中比較集中的估計值是 30 萬億元左右。這 30 萬億元債務，歸根結底來自銀行體系。銀行貸款主要是中短期，我們以五年期貸款計算，這 30 萬億元資金每五年就得循環一遍，每年會佔用約六萬億元銀行貸款額度。而銀行體系每年新增貸款規模約 13.5 萬億～14 萬億元，加上收回移位再貸款約 25 萬億元，總共約 40 萬億元，

這意味着，地方政府隱性債務的維持每年將佔用銀行信貸資源的 15%。對於銀行而言，貸款給地方政府關聯的機構和企業，是一個非常簡單且交易成本低的貸款方式，但這也導致了資源的擠壓，企業尤其是中小企業出現融資難、融資貴的問題。

（二）「大手術」化解融資難，提升槓桿率透明度

那麼，應該怎樣解決這個問題？我認為，需要對中國的金融和財政體系動一個「大手術」。這個手術有兩個目的，一是要把地方的隱性債務從銀行體系中切割出去，不能讓地方政府的融資和再融資擠佔寶貴的銀行信貸資源；二是必須要對地方政府的借貸行為進行根本性的、行政手段和市場手段「雙管齊下」的有效管理。

這個「大手術」的關鍵就是要成立一家全國性的基礎設施投資公司。這家公司可以比照世界銀行以及其他國際開發機構的運作方式，一方面，在中央政府的擔保下，從資本市場上大規模、低成本融資，目前來看，十年期債務的年化利率在 3.5% 左右，遠低於地方政府從市場上融資的利率；另一方面，也更重要的是，這家公司可以全面、專業地統一管理地方政府所有的基建性項目融資，即地方政府涉及基建項目的融資必須通過這家公司來借款。這家基礎設施投資公司可以從國家發展改革委、財政部、審計署以及其他相關部門抽調職能人員，進行公司化運營，從而專業、全面、有效地審計各地方政府財政情況，估算其實際已經形成的固定資產規模，評估其還款能力，在此基礎上形成整體、長期的判斷。當前，國家開發銀行部分起到了這個作用，但是，國開行規模已經高居世界開發金融機構第一，承擔着各種開發性金融的重任，包括「一帶一路」的融資，很難專注於監督管理國內地方政府融資的課題。

通過這種方式，可以大幅降低地方政府的融資成本。如果按照隱性債務規模 30 萬億元、地方政府單獨融資的市場利率為 7% 計算，假設基礎設施

投資公司整體的融資成本為 3.5％，則每年可以節省政府一萬億元的融資成本。更重要的是，這一設置將使得地方政府基建投資得到統一管理和制約，實現長期、穩定、高效的增長。

如果這個手術能夠成功，銀行的貸款資源將得到充分釋放，整個企業界的融資情況會得到大規模的改善，上市公司的融資壓力將得到緩解，中小企業融資難、融資貴的問題也將迎刃而解，中國的資本市場將從此走上一個比較健康的、可持續的發展道路。

另外，通過這種運作，中國經濟的槓桿率也會更加透明。中國經濟的槓桿率問題並不是簡單的「高低」問題，關鍵是質量和透明度的問題。實際上，中國經濟槓桿率本身並不算高，2018 年非金融部門負債約為 GDP 的 2.6 倍，與美國相近，不到日本的 3.6 倍，而中國的國民儲蓄率是美國的 2 倍以上、日本的 1.5 倍左右。

總之，當前影響經濟未來走勢最主要的因素是中國經濟體系自身的問題，尤其是金融領域的體制性問題。中國金融系統必須做出一個結構性的調整，而其中的關鍵，是要對中國金融做一個「大手術」。

六　結構性去槓桿
應在寬鬆流動性下靶向治療

2018 年上半年時，有不少觀點認為，中國經濟出現了需求側的疲軟，因此需要實施一定的穩增長的刺激性政策。

筆者不同意這一判斷。我的觀點是，中國宏觀經濟仍在回暖，經濟自發增長的動力處於持續恢復之中，最核心的指標是民營經濟的投資增速從 2017 年同期的 4％，回升到了 2018 年上半年的 8％左右。同時，整個實體經濟的利潤在穩步回升，經濟韌性和可持續性不斷增強。

宏觀經濟的一些亂象，主要是「一刀切」去槓桿的政策帶來的，因

此，所有嚴重依賴外部融資的經濟活動明顯回落，銀行表外業務，包括所謂的「影子銀行」業務規模，與 2017 年同期相比下降了 2.1 萬億元，這直接導致基礎設施投資增速由 2017 年同期的 19％，下降到 2018 年上半年的 9％。

更重要的是，「一刀切」的降槓桿措施在資本市場引發了一系列的連鎖反應，包括許多上市公司股東往往以股票質押的方式來獲得融資，但股價連續下跌引發爆倉危機；此外，目前不少債券難以發行，即便發出了，也會很快跌破發行價。2018 年年中，金融市場整體緊張，投資者情緒不穩。

應該說，影響 2018 年上半年經濟走勢最主要的因素並不是中國經濟自身的活力下降，而在於政策面，結構性去槓桿政策落實不力、不準。

（一）對結構性去槓桿的本質要重新認識

當前「一刀切」去槓桿的辦法是不合理的。打個比方，這好比是癌症病人為了去除癌細胞，大規模減少營養攝入，希望通過節食的方式把癌細胞餓死。這種做法顯然達不到目的，因為癌細胞的生命力往往比正常的細胞還要強，大量節食，壞細胞沒餓死，好細胞卻損傷了。在金融領域，沒有外力干預的情況下，不良資產往往比正常的資產更容易得到貸款，因為債權方往往不願意暴露問題，最喜歡以新債還舊債，貸新款還舊款。所以，在缺乏精準的靶向治療的前提下，這種盲目的「一刀切」、靠節衣縮食減少貸款規模的辦法、去槓桿的辦法，所帶來的是整體金融的過緊，而不是真正的槓桿率的下降。

要結構性去槓桿，必須對兩個問題重新認識。

第一，中國經濟的槓桿率總體上並不高，但問題在於結構不合理。一般認為，中國經濟中的債務大約相當於 GDP 的 260％，這一總體槓桿比例與美國以及許多發達經濟體基本一致，相比於日本 350％的總體槓桿率明顯是很低的。

　　一個經濟體合理的槓桿率水平，取決於兩個因素。其一是這個經濟體自身的國民儲蓄率的高低，如果國民儲蓄率很高，比如中國或者日本，高達35％以上，那麼，自然會有大量的儲蓄要尋找投資方向，槓桿率也自然會提高一些。其二是取決於經濟體的融資結構。如果經濟體中的股權融資市場基礎不牢固，就像當前的中國經濟，包括股權市場的法律基礎不完備，如缺乏專門的證券檢察院和證券法院，在這種情況下，儲蓄者的資金要麼從非正式的渠道繞過金融中介機構投資給企業或家庭，要麼以債券或銀行貸款的方式直接轉化為投資，因為債券和銀行貸款比之於股權融資，對於違約破產的風險具有更加強硬的約束，而股權融資卻很難有這樣的明文規定，股權融資的資金使用者可以無期限地不給股東分紅。在中國，在股票市場難以得到大力發展的前提下，給定同樣的國民儲蓄規模，槓桿率當然會高一點。

　　因此，中國經濟 2018 年的槓桿率在 260％左右，應該說並不高。問題在於，中國經濟的槓桿結構不合理。這一方面表現在地方債務相對於中央債務過高，而地方債務又缺乏一個整體的約束機制。投資者對於地方債的質量比較難於把握。這隱含了金融的風險。另一方面，企業的債務相對而言比較高，需要進行調整，而企業債務較高最主要的問題體現在大量低質量的債務沒有得到及時的調整。

　　筆者做過一個分析，中國規模以上工業企業中「僵屍」企業佔比為7％～10％，即使按 5％測算，也有近六萬億元的不良資產需要重組。而金融系統處置不良資產的速度不盡如人意。根據 16 家上市銀行的財務報表數據，儘管當前不良貸款的處置有所加快，但新增不良貸款的積累速度卻也在加快，兩者相抵，2017 年不良貸款餘額反而增加近 500 億元。2018 年第一季度，銀行不良貸款率回升 0.01％～1.75％。按照目前的重組速度，六萬億元不良資產至少也需要五年時間才能夠清理完成。

　　第二個認識就是，結構性去槓桿的關鍵是精準剔除不良資產。根據以上的分析，槓桿本身並不是問題，問題在於要通過去槓桿的精準施策來消除不良債務。

（二）精準落實結構性去槓桿的三要義

而基於以上的分析，我們可以得出三個政策預判。

第一，必須在結構性去槓桿的過程中保持相對寬鬆的流動性。結構性去槓桿本身就容易引發整體金融市場的恐慌，因為這意味着一些不良資產要被處置，由此往往會引發連鎖反應，導致好的企業也會被懷疑成為問題企業；同時，不良資產的處置過程，也會導致相關好企業投資於問題企業的資產縮水。

第二，精準剔除一批不良資產。當前中國各主要金融機構，尤其是五大國有銀行，不良資產的撥備是足夠的，一般都在 150% 以上，但是這些撥備都沒有用到不良資產的化解上。未來一段時間的做法可以是，由監管部門要求這些主要金融機構在一定時間之內處置相當數量的不良資產，比如說，每家大型國有銀行半年之內處置總規模 500 億元以上的 500 例不良貸款。這些處置不是以新增貸款的方式把不良貸款重新化為正常，而是真正的重組或者破產。中國銀保監會可以直接對銀行處理不良貸款的數量進行考核，靈活處理歷史上相關銀行工作人員的貸款考核，從而有助於減輕歷史包袱，輕裝上陣，加快資產重組。同時，建議打破企業間的互保「怪圈」，原則上消除商業銀行歷史上對不良貸款的互保條約，打掉資產重組的攔路虎。通過這種大規模去除中國經濟的「癌細胞」的方式，大幅度提高槓桿的質量。

第三，把部分地方債務歸併入中央債務。地方政府一般不會直接舉債，因為地方官員的任期一般是三年左右，所以自然會形成一個舉債不問還債的心態。在中國現有的政治體制下，更好的辦法是由財政部統一建立一個基礎設施投資基金，其角色類似於世界銀行，由這個基金與地方政府共同合作，從事地方基建項目的投資，所有地方基礎設施建設所需的資金，均由這個基金統一舉債。通過這種辦法，監督地方政府的行為，也讓所有的地方債更加透明，信用評級也能夠統一化。

當前中央政府的債務僅僅佔到 GDP 的 15%，而包括地方政府關聯債

務在內的地方債佔 GDP 的 30％以上，這是一個非常不合理的結構。地方債務體系一旦統一起來，各種各樣的地方政府基礎設施項目投資，主要由中央統一發行的債務來完成，相關債券的信用水平會大幅提高，利率也會下降。

我們有理由相信，一旦上述三項調整到位，中國結構性去槓桿的任務將會有序推進，國內外投資者對中國宏觀經濟的預期能夠比較快地穩定下來，資本市場也能夠出現一個反彈的走勢。未來中國結構性去槓桿的方向和施策的精準度也會明顯提高，中國宏觀經濟的問題以及資本市場的相對低迷有望得以緩解。

七　中國房地產泡沫探因：來自「宇宙中心」的案例分析

伴隨房價上漲，「清華學歷遠遠不如清華學區房值錢」為網民熱議，一些家庭經過長期奮鬥，終於把自己的孩子送入了清華大學，而孩子畢業後卻買不起清華附近的學區房。

這一問題其實不難解釋，容我在本文最後進行分析，先分析分析為什麼清華大學附近的房價如此之高 —— 這是中國房地產泡沫之下一個更有意思且尚未被仔細挖掘的典型案例。

（一）五道口 ——「宇宙中心」

清華大學東門外，在我 1980 年年初入清華讀書時還是一片農地，只有一條小路通向清華。小路外面是雙清路，它只能容下兩輛汽車並排通行，卻一直通到那時的國企改革典型 —— 清河毛紡廠。

　　清華東門那時非常荒涼。每天下午（尤其是冬天的下午）四點以後，我都像很多同學一樣，從東門出發，跑步到五道口的鐵道線，然後折返經過北門附近那座現早已棄用的火電廠，回到清華，全程五公里左右。那時，清華學生學習用功，也特別重視體育。大家都爭先恐後地鍛煉，希望在 1500 米跑步達標測試中取得好成績。

　　時過境遷，現在這片土地完全變了樣，廣義上被稱為「五道口」，又被戲稱為「宇宙中心」。

（二）五萬 vs 十萬：優質學區加持，住宅身價倍增

　　這片地區房價高的確與學區有關。其緊鄰清華，往西一站地鐵即到北大東門，有清華附小、北大附小、中關村一小、中關村二小、中關村中學以及稍遠一點的 101 中學和清華附中等優質學校。

　　學區能在多大程度上解釋高房價呢？這裏有個很好的對比。

　　這一地區的住宅因為屬學區房，2017 年的樓價普遍接近甚至超過十萬元／平方米，例如在五道口、成府路南邊有一個水清木華園小區，目前樓齡約為 15 年，其房價已經接近十萬元／平方米。

　　而一路之隔、地理位置更加靠近清華大學的另一處公寓房（也是 70 年產權），最近才漲到接近五萬元／平方米。其原因是該公寓房到目前為止還不能讓房產所有者「落戶」，也就不能享受學區待遇。該公寓之所以不能落戶，是因為之前一直未能加入居民委員會，因此中關村派出所不同意落戶。而不能加入居民委員會的原因是業主委員會遲遲不能成立，因為業主來自全世界各地、太過分散，且附近是五星級酒店，酒店的很多設施與該樓相通，情況比較複雜。我經常與身邊的年輕同事說，可以考慮趁現在該公寓樓不能落戶、房價尚低時入手，落戶問題遲早能解決，屆時房價一定會「跳升」到與周邊小區相當的水平。

（三）GDP 至上，衍生住宅與商業地產之爭

　　五道口被清華同學戲稱為「宇宙中心」，因為這兒極其繁忙，人來人往，熙熙攘攘，周末和節假日也是如此。這裏聚集着眾多年輕創業者、青年學子和專業人士。可是在這方圓五平方公里的土地上，21 世紀前 20 年主要的新建樓盤都是辦公樓，住宅極其稀少。

　　辦公樓包括大約 50 萬平方米的清華科技園，它由七八座 25 層左右的高樓組成，其中包括政府專門批地給谷歌建的高樓，還有專門批給台灣威盛電子公司自建的大廈 —— 威盛大廈。除此之外，還有大批科學院新建的辦公樓。

　　與辦公地產形成鮮明對比的是，新建的住宅樓盤，數來數去能想到的大概只有三四個，其中包括剛提到的水清木華園小區，其樓盤面積大概也就是不到十萬平方米。另外一個較大的樓盤是 15 年前建成的華清嘉園，大概有 15 萬平方米左右的建築面積。這應該感謝當時作為華遠老總的任志強。坦率地講，華清嘉園的建築標準、施工質量、設計水平用今天的眼光看是非常粗糙的。此外，還有龍湖地產 2011 年建造的唐寧 ONE，它是均價在 15 萬元 / 平方米左右的高檔公寓式物業。而上述尚不能落戶的公寓，總面積五萬平方米左右，其出身的名目是清華科技園的配套設施。這樣看來，與上百萬平方米的商業地產相比，住宅地產的供應真是屈指可數了。

　　這帶來的直接後果，是住宅地產嚴重供不應求，其價格迅猛上漲。以任志強引以為豪的華清嘉園為例，其開盤單價也就是 3000 多元，2017 年已過 12 萬元。當時在這裏購房的膽子大一點、也有閒錢的老師，如今已經是千萬級的富翁了。這些老師現在大部分早已搬出華清嘉園，因為華清嘉園已經成為留學生尤其是韓國留學生以及青年學生的租房地，人來人往非常嘈雜，不適合拖家帶口的居家生活了。任志強經常說，他作為開發商，給買房的人創造了巨大財富，自己並沒有得到多少。他的話至少在「宇宙中心」五道口是靠譜的。

　　然而，更重要的問題是，為什麼北京市乃至海淀區政府明知五道口房

價如此之高，卻不願意在這裏多批一些住宅用地呢？究其原因，根本在於
GDP 至上。因為在五道口提供辦公樓、提供科技園，給谷歌、給台灣威盛
電子公司蓋高樓，可以直接拉動 GDP。所以，今天五道口聚集了一大批公
司總部，如搜狐、網易、谷歌等，更不用說國家考試中心，還有最早給高等
院校做互聯網資訊服務的中國教育網。這的確讓五道口的 GDP 不斷增長，
而五道口也掛上了高科技中心的美名，但直接後果就是當地房價居高不下，
大量在五道口工作的高科技人員以及清華、北大的老師必須到區外買房。

（四）哈佛和斯坦福的案例

行文至此，我們不妨繞一個彎，暫時離開五道口，來觀察一下哈佛大學
和斯坦福大學附近的房地產。

最近一百年來，美國哈佛大學已成為一個帶動周邊經濟不斷發展的高等
教育典範，但是，哈佛大學周邊的土地主要是居民所有，除了小小的哈佛園
（Harvard Yard）外，哈佛沒有校門。大學與城市完全融為一體。那麼，哈佛
大學如何滿足自身不斷上升的住房需求呢？

哈佛大學早已成立了自己的房地產公司，不斷地在市場上購買周邊居民
的土地和房屋。但是僅此一招還遠遠不夠，因為購買的居民房不經過哈佛所
在的坎布里奇市的規劃委員會允許，是不能改為辦公用房的。所以，哈佛大
學需要不斷與坎布里奇市的規劃委員會進行抗爭，力爭把一些居民房改造為
辦公樓，因此，哈佛大學與坎布里奇市規劃委員會的關係經常是非常緊張的。

此外，哈佛大學對自己已有建築進行改造，也會受到坎布里奇市規劃
委員會的干預。規劃委員會是由居民選舉產生的，它所考慮的往往是現有居
民的利益而非城市的整體發展，因而引發了許多荒唐的故事。比如說，2010
年哈佛大學在改造一棟辦公樓時，設計師在坎布里奇路的兩邊設計了完全對
稱的兩棟樓 —— 現在成了亞洲中心及費正清中國研究中心和哈佛大學政府
系所在地 —— 為了把這兩棟樓連在一塊兒而不破壞街景，又設計了地下通

道，但是規劃委員會始終都不同意修地下通道，雖然這一點都不影響外景。據說，規劃委員會中有一位委員，他的孩子沒有被哈佛錄取，因此非常惱火而極力反對。所以，儘管哈佛大學在全球化時代聲名日益顯赫，但其很難在附近擴張。坎布里奇市的 GDP 也很難增長，至少沒有因為有哈佛大學而迅速上升。

正是苦於長期搞不定與坎布里奇市的關係，全球金融危機爆發前，哈佛校長薩默斯決定跨過坎布里奇市，到查爾斯河對面的小城奧斯頓發展，因為奧斯頓有很多空置的土地，那裏目前有哈佛的體育場以及哈佛商學院。但是由於金融危機的爆發，這一發展規劃一推延就是近十年。

斯坦福在這方面比哈佛幸運多了。斯坦福確實促進了硅谷高科技產業的發展，從而導致其周邊土地價格巨幅上升。幸運的是，斯坦福校園之前是個極其巨大的農場，斯坦福的外號因此而成為「農場」。斯坦福不愁地，為了應對高房價，斯坦福大學拿出自己一部分土地，開發成自己擁有大產權、小產權出讓給教授的住宅。按規定，這些住宅只能賣給斯坦福大學自己的老師。這就部分解決了硅谷房價高給斯坦福大學帶來的發展難題。

清華和北大也在部分地模仿這個模式。清華在附近的清河購置了部分土地，在此建了小產權房出售給教師，也是像斯坦福一樣規定只能在校內轉讓。這也部分對沖了五道口房價高漲的因素。

（五）住宅用地供給的機構困境和農村困境

五道口附近並不是沒有土地，但是這些土地很難拿出來進行開發。

這裏的一類土地由東升鄉所有，在五道口這樣高房價地段的中間，卻仍然保留了一個鄉，而沒有納入城市規劃，也多少有些出人意料。至今東升鄉仍然保留着自己的衛生所和鄉辦公機構，這裏都是一片五層樓左右的低矮的房子，完全應該通過土地置換提高容積率來開發利用。但是，一個鄉的土地要改成城市用地，鄉政府本身並不能直接得到很多好處，因此這種交易也很

難進行。

　　另外，五道口附近機構林立，包括清華大學和中國科學院等機構都有大量自己的土地，但這些土地都屬機關用地，不可能轉為住宅用地開發。比如，中國科學院的樓，最近幾年也是不斷更新，從五層轉成了 15 層，但是一棟接一棟都是辦公樓，都不能轉成住宅用地。清華校園佔地近 6000 畝，在全國沒有另建校園的高校中面積是數一數二的。清華園裏有大量低矮的四五層的住宅和宿舍樓，這些樓也很難改造成容積率稍微高一點的，比如七八層的住宅，因為現有的居民很難拆遷，更重要的是，清華大學對於自己的土地並沒有百分之百的處置權。

　　這就形成了一個困境，那就是雖然房價高，但是土地很難被拿出來進行住宅的建設，很難在供給側提供解決的方案。這恐怕是中國各大城市的一個通病，而北京尤為突出。

（六）清華畢業生為什麼難以負擔清華學區房？

　　最後分析一下為什麼五道口的學區房房價如此之高，遠遠超過一個清華大學高材生畢業所及的經濟能力。

　　首先，父母送孩子上清華的目的之一是獲得人生的一種成就感，而這種成就感往往來自非經濟的因素，包括個人的幸福感和社會的承認。因此，即使畢業生工資不高，父母也期望孩子上名校。

　　其次，在經濟方面，一個大學的畢業生包括清華畢業生，收入是不斷上升的，很難用短期內的經濟收入來衡量。從長遠來看，清華學位帶來的人力資本溢價應該是相當高的。

　　更重要的是，五道口附近的高房價，是一個投資現象，高價房並不像昂貴的普通消費品一樣讓人望而卻步，只要投資者預期未來的房價持續上漲，就仍然會有人不斷進入。這應該可以解釋高房價與高學歷、與高材生的相對高收入難以對應的問題。

第三章

互聯網與新經濟

一　消費整合生產：
中國互聯網經濟模式剛剛啟程

（一）清華西門的戰事：線上在「消滅」線下嗎？

8月底的北京，幾場秋雨讓人感到瑟瑟涼意。每年這個時候，我都會到清華西門自行車一條街逛一逛，整修下自行車，為新學年的到來做好準備。

最近幾年，清華西門原本熙熙攘攘的自行車一條街上，只剩下稀稀拉拉幾家車行了。跟老闆打聽，他說現在自行車店越來越少，一個原因是很多顧客都在網上買車，更重要的是，近年來共享單車的興起使得自有自行車的需求大大減少。不僅自行車店少，可選的品種也在萎縮，車店老闆告訴我，批發商看不準需求，不敢進貨。

與清華西門實體店凋零形成鮮明對比的，是網上自行車銷售品種的豐富多彩。我從網上淘來無級內變速軸、前後聯動剎車這些高科技配件，把自己的雜牌車做了精心改裝，車子看起來「次」，但騎起來「牛」。當然，最後還要靠清華西門來自安徽的小李幫忙安裝調試。

清華西門自行車店的式微，是互聯網經濟正在「消滅」線下商店和線下服務的典型場景之一，問題是，中國互聯網經濟僅僅是在「消滅」傳統零售和服務嗎？不妨再看以下三個例子。

（二）三個案例看互聯網平台的整合空間

第一，電商賣酒的例子。買酒的人都知道一個道理，寧肯多花點錢，也不能買假貨讓自己遭罪。為了防偽，各主要酒廠都有自己的絕招。當前中國白酒行業的三大品牌 —— 茅台、五糧液與洋河，廣告的主題之一就是「反假」，目標是把那些擔心假貨的顧客吸引到自家品牌來。消費者心裏非常明白，這些白酒與其他一些酒廠生產的便宜的真酒在口感上的差別遠沒有其價差那麼誇張，但為了防範假貨，都會買有防偽保障的知名品牌的酒。

有一個山東的企業家在四川五糧液酒廠周邊收購了一批酒廠，邀請我品嚐，即便是多年品酒的我也很難分出他的酒和五糧液的區別。他的酒廠生產成本非常之低，只有五糧液零售價的 1/20，但怎麼能讓消費者相信他的酒是好酒呢？一種可能的戰略是，找一家有良好聲譽的零售電商做貼牌銷售。當前，有的電商已經做到了自營店裏不賣假貨，而且物流以及售後服務極其到位，所以一旦他生產的酒掛上了這些電商的牌子，消費者就不擔心酒的質量。這就是自營品牌的奧祕。

由這個例子可以推想，再往下，具有良好自營聲譽和物流服務的電商將會介入生產，從而監督這些酒的生產過程，成為這些酒實際的生產控制者甚至是品牌的所有者。簡言之，電商整合生產商！

第二，超市的例子。最傳統的超市源於自由市場的早市，新鮮方便，但它的缺點在於，超市對消費者來說是勞動密集型的，對供應商而言供貨也極其辛苦。它需要供應商在清晨送貨，而且也經常會產生供貨不夠或過多所導致的問題。現在，京東、淘寶等電商都已經建立了線上超市品牌，其直接優點就是讓消費者足不出戶就能購買到新鮮的蔬菜和食品。

這種商業模式更大的潛在優勢在於，電商能夠精準地掌握和分析某一地區消費者的消費特徵、消費習慣等各種數據。這種大數據反饋到生產側，能夠讓廠商精準地提供各種各樣的產品，最大限度地匹配需求與消費。可以想像，這一進程將會使電商在最後演變為若干家蔬菜和食品的超級分發平台。

最後，這些分發平台又會反過來去整合一大批的農場和養殖場，並使用大數據精準地指導它們的生產。電商平台不僅提供各類數據，更重要的是還要控制生產過程，因為它們本身的名聲和產品質量取決於對生產過程的精準控制。可以想像，未來的電商將會直接或間接地擁有一大批商品的生產基地。

第三，小商品的例子。我的一個業餘愛好就是自己動手改裝摩托車、自行車，比如給車加上指示燈、手機托架或電源插孔之類的配件。我的經驗是，與線下購買相比，在網上淘這些產品總體來說是最方便的。但是問題在於，在京東或者淘寶平台上找到真正想要的產品，往往是一個痛苦的過程。例如，搜索一個剎車燈的電線接頭，會冒出成百上千的搜索結果，雖然可以進一步篩選，但還是非常費時費力。更重要的是，生產這些小商品的產業往往處於產能過剩狀態，廉價的偽劣品充斥市場，由於無法看到這些配件的質量，又擔心買到偽劣產品，所以我的習慣是從高價往低價看。作為消費者，我是既非常費力又為防假多花了錢。我相信下一步將會有某個電商整合這成千上萬的生產者，組織成若干家享有盛譽、質量可信、服務到位的生產商，而電商手中的數據能反過來指導這些產能過剩的企業精準生產，避免廉價競爭。

（三）清華西門自行車實體店的未來

從以上三個案例的分析，我們可以大致推斷出清華西門自行車店的未來。我的預測是，這些實體店還會存在，甚至會擴大規模，手藝超好的安徽小老鄉小李的生意恐怕還會更加興隆。但與今天不同的是，小李和他的夥計們將大概率會被共享單車平台整合。共享單車如今雖處於「戰國」時代，但混戰一兩年之後一定會出現一兩個「秦始皇」。「秦始皇」們一定會利用你我使用共享單車的數據，量身定製出我們需要的自行車服務，比如給清華師生提供個性化的自行車長租服務，比通用的時租車好騎，有了問題可以到清華西門免費修車、換車，或者交點錢升級各種零部件。再往上游，共享單車

平台一定會併購一些自行車生產商，精準提供產品。

　　這種整合不僅會發生在清華西門，發生在自行車行業，也會發生在更多生產和服務領域，成為中國互聯網經濟發展的新模式。

（四）消費整合生產：中國互聯網經濟模式

　　伴隨電商、共享經濟等數字平台企業的發展，中國互聯網經濟的基本走勢目前已露端倪：從消費端發力，自下游向上游逐步推進。無論共享單車還是電商平台，都起步於消費端，通過掌握消費信息（包括消費者對質量的需求），從而整合上游的生產者，使其在產品質量、數量與品種等方面，更好地與下游消費者的需求相匹配，最終化解產能過剩或者「供不應求」這一市場經濟的基本問題。

　　中國互聯網經濟發展的這一重要前景，與其他國家有所不同。在美國和德國，互聯網的發展，乃至更廣義的數字技術革命，往往從生產側開始。德國的工業 4.0，很大程度上是生產領域的革命。而中國的數字技術發展，則是從消費端開始的。所以，中國互聯網的發展模式極有特色，正在走出一條獨特的道路。毫無疑問，中國需要借鑒德國工業 4.0 的優點，例如工業生產自動化、新材料和新能源的廣泛應用。但同樣不可否認，中國模式也有歐洲和美國很難學習之處，因為中國擁有高度密集的城市和年輕的消費群體，以及一大批年輕的工程師和極具創新力、受過良好教育的年輕勞動力和創業者。這使中國互聯網的發展不僅引領新經濟時代，還在全球範圍內具有極大的創新性。

　　對此，中國傳統行業要做好充足的思想準備。從短期來看，我們能直接觀察到，互聯網平台企業由於受到投資者追捧，融資極其便利，因此可以利用手中大量現金來併購、整合傳統實體經濟 —— 這是資本的邏輯，其背後是效率的邏輯，即通過這種整合，讓產能過剩的問題得到很大程度的解決，讓需求和供給更加匹配，讓整個社會的生產和分配更加協調一致。這是中國

經濟未來引領世界經濟的新走勢，中國經濟的觀察者和決策者應當給予高度的關注。事實上，由於中國擁有強大的製造業基礎，一旦消費端與生產端在互聯網時代全面打通，中國經濟將煥發出全新的增長能量。

二　「互聯網＋」的最大發力點
應該是推進改革

在倫敦的街頭，外來訪問者經常會發現一個非常奇怪的現象，那就是馬路上有很多掛着特殊標誌的摩托踏板車。這些踏板車上有高高的玻璃，上面放着倫敦的地圖。騎行者身着特殊的橘黃色背心，每騎一段就要停下來，在地圖上寫寫畫畫。

他們這是在做什麼？

其實，這是當地出租車司機資格的申請者在熟悉倫敦的地圖、地址和路況。據說，倫敦出租車司機的考試是世界上最嚴格的，申請者一般要經過多輪考試，因此，他們必須要熟悉每一條街道甚至每一個商鋪的情況，要能夠迅速回答出從 A 點到 B 點的最佳路徑。

如此之難，為什麼還有那麼多人想考倫敦的出租車執照？

這是因為，一旦當上了倫敦的出租車司機，一輩子的工作就搞定了。雖然倫敦的出租車費用奇高，一般人不太會坐出租車，但是，由於當地出租車的進入壁壘非常高，而且出租車司機組建有工會，從業者收入仍然很好。

這是什麼？這是壟斷最直觀的圖解。

然而，從消費者角度來考慮問題，就會發現，倫敦的出租車司機固然非常專業，但是坦率地講，以我的經驗，那些人有時脾氣也挺大，交談不容易。更重要的是，倫敦出租車提供了過度的服務，因為當今大多數乘客並不需要乘坐倫敦如此巨大的出租車，也不需要出租車司機了解清楚每一條街道

的詳細情況。在衛星導航普及的今天，這些都是沒有必要的，乘客們要的無非是從 A 地到 B 地安全舒適的基本服務。顯然，倫敦出租車司機所收的錢是太高了。

這種情況延續了多年，人人皆知，但是壟斷一旦形成了，就很難打破。

北京以及中國其他地方的出租車行業，情形與倫敦在性質上是一樣的，其不同之處在於，是政府而不是出租車行會壟斷了出租車供給。而現有的出租車公司，許多是個體老闆或者地方政府間接擁有的，他們控制了這些出租車的牌照發放。

北京過去幾年出租車的數量幾乎沒有增加，這就造成了出租車供給嚴重不足，服務質量下降。而與倫敦不同的是，中國絕大部分地區的出租車司機是打工的，他們並不擁有出租車，每個月要付出非常高的「份兒錢」，只能被迫接受相當低的實際收入。這就造成了出租車供給不足，司機加班加點超時運行，服務態度差。

從長遠來看，當今的出租車司機正在以身體為代價工作，積勞成疾的他們，在不久的將來可能患上各種各樣的慢性病，而社會最終要為這些慢性病埋單。換句話來講，各地出租車公司的超額利潤，是以低質量的、供給不足的服務以及由社會支付的出租車司機長遠的健康代價為成本的。這顯然是不合理的。

互聯網正在改變這一切。在倫敦，已經出現了優步（Uber）；在中國，早前合併的滴滴打車和快的、Uber 等公司都已經進入這一市場。這種以個人自己帶車、由打車軟件公司提供基本的平台服務、由司機向顧客提供一對一服務的商業模式，正在對出租車行業形成巨大衝擊。多年以來，經過各方論證、不斷研討的出租車行業的改革，終於正在破題。

這個案例告訴我們什麼呢？

它告訴我們，交易成本極低、社會廣泛參與、參與者相對平等的互聯網平台，具有強大的生命力，它具有一種自下而上的推動社會進步的力量，它能夠達到過去長期以來自上而下或者是社會精英階層探討的改革所達不到的

效果。

當前，「互聯網＋」被當作中國經濟轉型的利器，但是我更想強調的是，「互聯網＋」應該成為推動改革的利器。「互聯網＋」是一場人民戰爭，它會將反對改革的利益集團逐個擊破，最後形成全面改革的動力。最終，這場改革與自上而下的改革相呼應，在這一輪改革中將發揮不可低估的作用。

三　不是「無人駕駛」，是「智能駕駛」，它將顛覆汽車產業

2016 年 3 月 7 日，寶馬啟動新百年慶典；接着，人工智能的標誌之作阿爾法圍棋（AlphaGo）連續戰勝韓國圍棋巨星，谷歌、蘋果等巨頭強調研發無人駕駛。這一切都在反覆拷問一個大問題：無人駕駛時代來了嗎？有着超過百年歷史的汽車行業是否在醞釀着一場新的革命？我長期關注汽車產品和汽車產業，對此有些想法，願與大家分享。

（一）無人駕駛離我們還很遙遠

為什麼這麼說呢？首先，我們必須理解的是，本質上講，無人駕駛和利用人工智能創造圍棋和國際象棋「高手」完全不同。無人駕駛的本質是人工智能與人在馬路上博弈，儘管博弈的目標並不是「勝利」，而是避免交通事故。圍棋和國際象棋的規則比起交通規則簡單得多 —— 交通規則雖然只有區區幾十頁紙，但在馬路上，大家並不是完全按照這個規則來駕駛車輛，現實中的交通規則非常複雜。

舉例說來，我們經常看到不遵守交通法則、無理強行加塞併道的汽車。按理說，受害的一方完全可以把車撞過去，而不用負任何法律責任，但是，

由於事故處理成本極高，很少有人這麼做，所以有人強行加塞時，絕大多數人往往只是無奈地避讓。

而且，馬路狀況千變萬化，比起圍棋上的博弈要複雜得多，例如在小衚衕裏迎面錯車，到底誰讓誰，在這種情況下，一個正常的駕駛員往往可以有快速的、基本準確的判斷，而且好的和壞的駕駛員在這個基本判斷上差別不會太大。但是對於機器來說，對這種情況進行靈活、自然的應對，卻絕非易事。

我可以想像，若干年後，也許馬路上會出現無人駕駛汽車，但這些汽車在很長時間內是不受主人歡迎的，很多人會覺得這種汽車「傻」，人工駕駛的汽車會在博弈中勝出。這裏面有法律的問題，無人駕駛汽車的主人必須非常小心地避免可能出現的交通事故，尤其是在中國的道路環境下，有人駕駛的汽車一定會想方設法、鬥智鬥勇，最後逼得無人駕駛汽車過分謹慎，只能一路小心爬行，使得主人家非常惱火。

（二）智能駕駛的時代已經到來

智能駕駛與無人駕駛是不同概念，智能駕駛更為寬泛。它指的是機器幫助人進行駕駛，以及在特殊情況下完全取代人駕駛的技術。

智能駕駛的時代已經來到。比如說，現在很多車有自動剎車裝置，其技術原理非常簡單，就是在汽車前部裝上雷達和紅外線探頭，當探知前方有異物或者行人時，會自動幫助駕駛員剎車。另一種技術與此非常類似，即在路況穩定的高速公路上實現自適應巡航，也就是與前車保持一定距離，前車加速時本車也加速，前車減速時本車也減速。這種智能駕駛可以在極大程度上減少交通事故，從而減少保險公司的損失。

我相信，智能駕駛技術將很快普及，其中的一個機制就是保險公司的保費會隨着智能駕駛的到來而下降，這會使得車廠和購車者有動力生產和購買應用智能駕駛技術的汽車。據說在美國，智能剎車技術將成為政府規定的未

來汽車的基本配置。

　　智能駕駛不僅能夠輔助汽車的行進，更重要的是幫助停車。奧迪和寶馬都已經推出了能自動停車入位的車型。寶馬新 7 系可以完全實現人車分離後的自動停車，這不僅降低了對駕駛員停車技術的要求，還能夠在很小的停車空間中泊車，因為它不用考慮停車後開車門的空間。奧迪也已經展示了一項概念性技術，就是在到達商場、酒店或者家裏後，汽車會像小狗一樣自己找到車位，等車主出來的時候又會自己開到車主身邊，這就大大減少了尋找車位的時間。

　　在促進智能駕駛技術普及的速度上，還有一個因素值得考慮，那就是智能駕駛並不取代汽車駕駛人員的靈活性和樂趣。在很多情況下，駕駛員仍然可以享受駕駛的樂趣，同時也能夠根據自己的判斷在最複雜的情況下主動出擊，而不是依賴機器或人工智能。我堅信，未來五年推出的新車型絕大部分都會裝備智能駕駛功能。

（三）智能駕駛將顛覆汽車行業，
軟件、硬件兩大陣營誰來主導

　　既然智能駕駛時代已經到來，那麼汽車行業會不會有顛覆性的變革呢？我認為會有。

　　首先，智能駕駛時代更加促進了通用技術的研發。

　　什麼是通用技術？舉例而言，司機都有這樣的經驗，再貴再好的原車廠提供的內置導航都不如百度地圖或者高德地圖這樣的手機導航好用。其道理很簡單，就是百度和高德可以隨時更新地圖，非常容易進行搜索，且隨着路況變化隨時提供最優的駕駛路線。而車載導航往往地圖陳舊，輸入複雜不便，很難隨時更新路況。

　　為什麼會出現這樣的局面？百度導航和高德導航的用戶是以千萬或以億來計算的。為了保住這些用戶，百度和高德必須不斷研發，其研發投入與

消費者的人數相比微不足道。相反，即便是豐田、大眾這樣的大型汽車製造商，其累計的導航用戶也不會超過 1000 萬，不值得大規模持續投入研發，也非常難更新地圖和界面。

這個例子告訴我們，未來的汽車行業一定會出現兩大陣營。一大陣營是專門從事智能駕駛以及人車交互界面的公司。這類公司最有可能從蘋果、谷歌等互聯網企業中產生，它們專注於設計智能駕駛的通用軟件以及人車互動、車與車之間通信的標準程序與制式。最有意思的是，這些公司最後很可能整合成一家到兩家。這一兩家公司都會有自己的平台，就像今天的蘋果和安卓兩大陣營一樣。這種平台讓車與車之間互相溝通，手機與車、人與車之間互相溝通。誰控制了這個平台，在很大程度上就控制了用戶，也控制了車廠。

另一大陣營就是生產與地面接觸的、與消費者直接有物理接觸的機動車的傳統車廠。它們的優勢在於研究發動機、電池、傳動系統、控制系統以及跟其他汽車相關的物理的舒適系統。這類車廠，今後的數量最有可能也會逐步地下降，因為它們之間有很多通用技術，從而導致競爭加劇。事實上，現在自動剎車和自動巡航系統的零部件已經大量地由博世公司所生產。生產硬件的車廠在未來必須更加專注，更加專業。為了更加專注、專業，車廠規模應更大，技術通用性應加強。

未來，這兩大陣營都會存在，關鍵在於誰主導誰：是生產軟件的谷歌、蘋果主導生產硬件的寶馬、奔馳呢，還是反過來，寶馬、奔馳來主導谷歌、蘋果呢？或者說，兩者是一種比較平行、對等的關係？

我傾向於認為，未來，或者是谷歌、蘋果等主導寶馬、奔馳，或者是一個比較對等的關係。因為谷歌、蘋果等規模巨大，財力雄厚，打得起持久戰，砸得起大量的金融資源。如果寶馬、奔馳以及中國一些車廠不能迅速整合的話，將被這些軟件公司一一攻破。未來汽車市場的利益分割將更多地流向軟件公司，有點像今天硬件生產市場上博世一統天下、一家獨大的格局。不過目前來看，答案還不清晰，再過五年，我們也許能看得更加清楚。關鍵

在於，生產硬件的車廠能在多大程度上加速整合。

最後必須問的一個問題是，對於中國車廠，智能駕駛時代的前途在哪裏？我的觀點是，中國車廠必須加快淘汰落後產能、加快整合，這樣才能夠在未來更加激烈、更加平台化、更加大規模的競爭中佔有一席之地。

同時，我也特別呼籲，中國的百度、騰訊等互聯網公司，必須加入智能汽車平台的研發，必須根據中國的路況和中國人的駕駛習慣，研發智能駕駛的各種軟件。否則，在智能汽車軟件這個巨大的行業，中國又將落後於發達國家 —— 就像智能手機市場一樣，蘋果、安卓這兩大美國公司開發的平台主導了世界。中國不應該重蹈這一覆轍。

四　傳統體制應擁抱互聯網金融

2013 年以來，互聯網金融在中國形成了一輪熱潮，以餘額寶為代表的互聯網貨幣基金迅速匯集了上千億元的資金規模，轉移了相當一部分的銀行存款，從而引發了全社會對傳統銀行業的擔憂。由此帶來的核心問題是，互聯網金融會不會給傳統金融業務帶來實質性的衝擊？

我的答案是，經過合理監管的互聯網金融對傳統金融體系的衝擊是有限的。簡單利用互聯網渠道的互聯網金融，對傳統金融機構的衝擊是存在的，但是比較有限；而以互聯網交易為基礎建構的互聯網金融，對傳統的金融機構不僅不會造成衝擊，相反會帶來有益的補充，前提是合理監管，尤其是要嚴防假借互聯網金融之名面向公眾籌款、惡意挪用資金的情形發生。

（一）互聯網金融的兩種類型

首先，有必要釐清當前互聯網金融業務的兩大類型。

第一類我們不妨稱之為非原發性互聯網金融業務。這指的是以互聯網為

工具、本質上卻是為線下經濟活動服務的、屬傳統金融業務的互聯網金融服務。餘額寶就屬這一類。這種金融業務並沒有突破傳統金融業務的範疇，它只是利用互聯網這一更為高效的信息交流手段，將傳統金融業務的傳播、銷售渠道拓寬了。

以餘額寶為例，其實質無非是以互聯網作為營銷渠道，將網民的資金聚集起來，再通過協議存款之類的形式回存到商業銀行。這一過程加快了儲戶資金從銀行到貨幣基金的轉移速度，但基礎的業務還是銀行存款，最終的投資去向還是通過銀行貸款投放到實體經濟中。

第二類則可以稱為原發性互聯網金融，即，真正為互聯網上的經濟活動提供金融服務。舉例說來，在淘寶網的網店以及買家之間，有大量因為交易而進行的經濟活動 —— 訂貨、發貨、收貨、付款、評價等等。這一系列的交易活動，在互聯網上留下了極其豐富的數據，這些大數據可以非常高效地反映互聯網交易參與者的行為特徵，如信用度、消費習慣和消費偏好等等。這些數據完全可以被利用起來，為網上交易的各種參與者提供金融服務，如給賣家提供貸款、給買家提供信用卡分期付款等服務。這一類交易符合金融為實體經濟服務的基本原則，也是對傳統金融業務的一個拓展。

（二）非原發性互聯網金融衝擊有限

第一類非原發性互聯網金融業務，對傳統金融業有一定的衝擊，但相對有限。

首先，這類業務是把互聯網作為分銷工具，它能夠提升單個儲戶之於銀行的相對地位和議價能力 —— 因為它能夠把分散在各地的儲戶資金迅速匯集起來，經由互聯網基金統一與相關的銀行討價還價，從而獲得比較高的存款利率，壓低銀行正常的利差。這一過程從本質上講，並不是互聯網帶來的，而是打破傳統商業銀行的壟斷造成的。

壟斷使得傳統商業銀行可以享有較高的利差，獲得超額的利潤。即便

沒有這一類互聯網金融業務的出現，伴隨中國金融改革中一系列新的金融機構的湧現，以及利率市場化的進一步推進，既有商業銀行的利差也會逐步下降。

所以，非原發性互聯網金融模式對傳統銀行的衝擊，本質上並不是互聯網帶來的，而是它作為新的金融機構，打破壟斷所帶來的，餘額寶就相當於一個新的第三方理財機構。

但是也必須看到，這種衝擊是有限的。因為餘額寶等產品的潛在風險巨大，合理的監管將會降低它的市場競爭力。在互聯網上，餘額寶等產品的聚財能力非常強，恰恰是這個強大的聚財能力，也帶來了非常強的散財能力，因為一旦儲戶對餘額寶的信心下降，就會快速出現擠兌，因此，對餘額寶等基於互聯網的貨幣基金必須要進行合理的監管。

合理監管的一個目標，就是降低這些基金被擠兌的概率，基本的辦法是對這類基金的流動性、取款的難易程度加以限制，同時，這類貨幣基金也應拿出比銀行更高的存款準備金。由此看，餘額寶這類產品能夠給予投資者的利率將不斷下降。隨着餘額寶被納入正常的監管體系，其安全度將會提高，利率也會走低，對傳統銀行的衝擊力將逐步地下降。

（三）原發性互聯網金融與傳統金融具有互補性

原發性互聯網金融業務基於線上交易活動展開，這些交易在一定程度上是實體經濟的延伸，因此，這一類業務也可以被看作是傳統金融的延伸，而不是替代。更重要的是，互聯網上的交易有其獨特性，大量交易信息可以很容易地被收集起來，並被互聯網金融機構用大數據的辦法加以分析，從而提高金融業務的精準度和效率。

原發性互聯網金融活動是傳統金融機構原本並未覆蓋也無法企及的，反過來，此類互聯網金融也不可能從本質上取代傳統金融活動，它並不會影響傳統的金融交易。具體說來，傳統的金融交易一般注重的是給大客戶包括企

業提供貸款，而這種交易必須在線下面對面地進行，直接對大客戶進行的數據分析，取代不了面對面的需求溝通以及實際調查。

　　講得理論化一點，原發性互聯網金融業務使用的是硬數據，是可以轉換成計算機編碼的各種各樣的有關交易雙方的信息；而傳統金融業務更需要的往往是軟信息，包括金融家與交易各方見面後的主觀印象，軟信息是傳統交易的靈魂。

　　隨着一部分實體經濟的線下交易轉為線上交易，也會有一部分的傳統金融業務轉向原發性互聯網金融，但這應該會是一種比較漸進性的變化，而不是像餘額寶短期內把大量資金從銀行吸引過來那種迅猛的變遷。傳統金融機構有充分的時間學習與嬗變，拓展自身在互聯網時代的業務空間。

（四）傳統金融機構應該擁抱互聯網金融

　　方興未艾的互聯網金融，正在成為影響金融業發展的新浪潮，我們必須冷靜地分析其業務實質與類型。從短期來看，雖然以餘額寶為代表、利用互聯網的分銷能力展開的金融活動，對傳統金融業構成了一定但是可控的影響，但更加值得我們期待的是以線上實際經濟活動為基礎的原發性互聯網金融活動，將大大擴展傳統金融業的覆蓋面，它意味着整個金融業因應時代變化進行的一種擴張，而不是對傳統金融業務領域的簡單分割。互聯網金融值得期待，它必將成為中國經濟轉型和金融發展的一個重要切入點。

　　特別需要指出的是，互聯網金融需要有特殊的監管和保障制度。一方面，互聯網傳播信息速度極快，如果形成對有關互聯網金融的不良預期，很容易在網上傳播引起過分的震盪，造成投資者恐慌性撤資，帶來更大的風險；另一方面，也要做好投資者保護，中國儲蓄者人數極大，許多小儲戶自我保護意識較為薄弱。因此，監管部門必須嚴防不法分子藉互聯網金融之名，行金融詐騙之實，互聯網時代的投資者保護工作顯得尤為重要。

五　三問臉書天秤幣：
全球化時代的天使還是魔鬼？

臉書公司（Facebook）2019 年 6 月發佈白皮書，宣稱要創造一種新型的加密貨幣，還要成立一個管理該貨幣的協會，這就是天秤幣（Libra）和天秤幣協會（Libra Association）。

鑒於臉書作為社交媒體巨頭擁有超過 20 億的龐大用戶規模，天秤幣的橫空出世將給現行貨幣體系帶來怎樣的衝擊，迅速引發全球金融界乃至央行的熱議。我們究竟應該如何看待又如何應對這項野心勃勃的計劃？不妨先從了解這一新生事物開始。

（一）不一樣的天秤幣

從公開信息看，天秤幣與現有的數字貨幣存在很大不同。具體而言，它有三個根本特點。

第一，它的幣值是和一籃子貨幣掛鉤的，這就消除了很多投資者與交易者因擔心其幣值波動過大而不願意使用的顧慮，不會引發投機炒作。在這一點上，天秤幣和其他數字貨幣有所不同，其他數字貨幣是通過某種形式（如計算機挖礦）產生，發行量有限，事實上演變為金融炒作產品，而非流動貨幣。

第二，天秤幣通過一套技術上的解決方案，讓跨境交易變得安全便捷。天秤幣的主要目的之一就是解決跨境交易的難處，因為目前的跨境交易極為複雜，涉及貨幣的轉換以及銀行間支付清算系統，時間成本和經濟成本都很高，更是受地緣政治因素的影響，俄羅斯、伊朗，乃至華為與美國政府的麻煩都和這一問題有關，在國際上不斷引發爭議。

第三，天秤幣有一個負責管理的理事會，這個理事會是開放的，要成為

理事會成員就必須拿出至少 1000 萬美元的真金白銀作為初始投資（購買天秤幣代幣），每 1000 萬美元獲得一票。

（二）天秤幣三問

對於天秤幣，我們要問三個基本問題。

第一，天秤幣的本質是什麼？

本質上講，它和支付寶、微信支付是一樣的，只不過支付寶和微信支付直接與人民幣掛鈎，一塊錢的人民幣對應着微信和支付寶裏的一塊錢，天秤幣的幣值則是和一籃子貨幣掛鈎。這也是臉書要做天秤幣的動機 —— 因為目前為止，臉書還沒有涉足支付領域，看着支付寶與微信支付折騰得風生水起，臉書當然也有想法。

天秤幣與支付寶、微信支付的重大區別在於，天秤幣具有獨立貨幣的身份，它不與任何一個主權貨幣一一對應，而是與一籃子主權貨幣掛鈎，而支付寶和微信直接與人民幣掛鈎。再有，臉書成立的天秤幣協會，表面上看是非常公開透明的，實際上，其高門檻的設計也有圈錢的嫌疑。

第二，天秤幣是天使嗎？

由於臉書反覆宣稱它「被動地產生貨幣」「幣值以世界主要貨幣的幣值為基礎」，因此目前為止，其舉動還沒有引起各國央行的敵意。

未來，天秤幣最有可能成功的領域有兩類。一類是在一些經濟脆弱的國家，他們的百姓不相信自己本國的貨幣，可能更願意用天秤幣標價和儲蓄，天秤幣有希望成為當地百姓日常交易使用的貨幣。這在正常情況下是有利於相關國家經濟發展的。

與此相反，在經濟發達國家，比如說歐盟各國和美國，天秤幣就不太可能完全取代本國的貨幣。原因非常簡單，因為百姓以本國的交易為主，其購物、用餐、租房等，都是以本幣計價的，這是本地區央行的基本規定，如果用一個幣值與本幣不是一一對應關係的貨幣去交易，就會憑空給消費者和廠

商產生很多麻煩，他們必須時時關心本幣與天秤幣的匯率問題。

天秤幣另一類可能成功的領域是跨境交易。當前跨境交易極其複雜，天秤幣由於技術的原因以及網絡的便捷性，為這個問題找到了一個突破口。這就是為什麼很多金融公司捷足先登，紛紛要求加入天秤幣協會的緣由。天秤幣有望成為推動經濟金融全球化的利器。

第三，天秤幣會變臉為惡魔嗎？

在緊急情況下，天秤幣的管理問題很可能成為一個極其複雜的地緣政治問題。在一些特殊情況下，一些強權國家很可能強迫臉書對個別國家的交易進行干預，甚至凍結和沒收該國的一些天秤幣賬戶。如果說臉書到目前為止只是控制了大眾的輿論，那麼在有了天秤幣這個工具以後，臉書將有能力使任何一個大量使用天秤幣的國家經濟癱瘓，甚至政權垮台。

天秤幣另一個需要關注的問題是，當越來越多的金融公司開始用天秤幣進行交易，那麼，很多金融資產就會以天秤幣計價。可以想像，當世界經濟和金融體系未來發生重大波動的時候，世界主要國家的政府會要求天秤幣協會調整天秤幣流動和交易的具體規則，以此擴大或者收縮其貨幣發行。到那時，天秤幣的理事會事實上就變成了一個超級央行，天秤幣就會真正變成一個獨立的貨幣，擁有自己的獨立貨幣政策，這一點與港幣的情況完全不同。這個前景，各國央行一定是心知肚明的。

假如天秤幣的理事會事實上變成了一個超級央行，天秤幣變成了一個真正獨立的貨幣，那麼，誰來主導它的貨幣政策？其貨幣政策的目標是什麼？以哪個國家或地區的經濟情況為基準？哪個國家或地區的經濟利益會因此受損？這些都是惡魔般複雜的國際政治議題。

（三）中國如何對待超主權貨幣

根據以上的分析，中國以及其他新興市場國家對天秤幣應該持什麼態度呢？

　　第一，中國和其他發展中大國必須堅持本國交易不能使用天秤幣的原則。即使在臉書用戶非常多的國家，其政府也有必要要求本國的所有交易和計價都以本幣為主，從而限制本國居民使用天秤幣的範圍，控制天秤幣的流行範圍和深度。

　　第二，這些主權國家應當有必要事先聲明，在緊急情況下可以限制天秤幣的跨境交易，以防出現大量的資金外逃和經濟危機。

　　第三，對於中國這樣的大國而言，必須考慮讓自己的主要公司加入天秤幣協會。畢竟天秤幣未來有可能演變為一種主要的國際貨幣，與其拒絕，倒不如加入，參與其規則的制定。某種意義上講，天秤幣有可能演變為國際貨幣基金組織（IMF）長期以來想經營的特別提款權（SDR）這樣的新貨幣，既然中國積極參與 IMF 及其 SDR 的運作，為什麼不能參加臉書的天秤幣協會呢？其本質是一樣的。

　　第四，像中國這樣擁有超級社交平台和電商平台公司的國家，應該鼓勵自己的電商平台和社交平台更加國際化，在國際上推行自己的網絡支付工具，從而提升本幣在國際交易中的影響力。只有本幣做強了，才更有能力參與未來國際貨幣的發行。

　　對於中國這樣的大國而言，應該清醒地認識到，人民幣國際化程度再高，也是一種主權貨幣，而未來世界一定會產生超主權貨幣。這種超主權貨幣，不一定由中國本土的企業產生 —— 事實上，由於互聯網交易和跨境交易的限制，中國本土的金融機構和企業創造這種超主權貨幣的可能性不大。中國等大國在推進本國貨幣國際化的進程中，也應積極地參與這種超主權貨幣的運行和管理，這恐怕是一種積極務實的應對方式。

第四章

改革實踐與中國經濟思想

一 改革開放 40 年的經濟學總結

中國改革開放 40 年創造了人類歷史上最大規模的經濟增長。40 年來，中國的經濟快速發展，國內生產總值（GDP，按購買力平價計算）佔世界的比重從 4.9% 上升到 18.2%。作為比照，英國在工業革命後的 40 年中，GDP 佔世界經濟總量的比重從 3.8% 上升至 5.9%；美國南北戰爭後的 40 年中，GDP 佔世界經濟總量的比重從 7.9% 上升至 17.3%；日本明治維新後 40 年中，GDP 佔世界經濟總量的比重從 2.3% 上升至 2.6%；第二次世界大戰後 40 年從 3.3% 上升至 8.9%；「亞洲四小龍」（韓國、新加坡、中國香港和中國台灣）快速增長的 40 年（1960—2000 年），其 GDP 佔比從 0.7% 上升至 3.5%。從體量上看，中國過去 40 年來經歷了人類有史以來最大規模的經濟增長。

從中國自身的角度來看，過去 40 年更具有重要意義。根據我們的研究[1]，中國 GDP 佔世界經濟總量的比重在 1600 年達到頂峰（佔比為 34.6%），此後開始下降。1820 年後，隨着其他國家陸續開啟工業化進程，中國 GDP 佔世界經濟總量的比重開始加速下降，至改革開放之初（1978 年）

1　Broadberry, S., Guan, H., & Li, D. , "China, Europe, and the Great Divergence: A Study in Historical National Accounting, 980—1850", *The Journal of Economic History*, Vol.78, No. 4(2018), pp. 955—1000.

中國佔世界經濟總量的比重僅為 4.9%。然而 40 年後，中國佔世界經濟總量的比重又回升至 18.2%。從經濟層面看，過去 40 年的確是 400 多年以來中國的首次復興。

（一）為何要在經濟學層面總結改革開放 40 年

儘管取得了舉世矚目的發展成就，但是 40 年在人類歷史長河中是短暫的，為什麼有必要基於中國改革開放以來 40 年的實踐進行經濟學總結呢？第一個原因是為了中國自己的進一步發展。改革開放以來，中國做了許多正確的事情，實現了有史以來最大規模的經濟增長，但是改革的目標尚未完全實現，有很多方面仍需進一步改革。因此，對於中國的經濟學家而言，從經濟學角度研究、總結改革開放至關重要。此外，國外的經濟學家也應當關注中國經濟，因為中國已成為世界第二大經濟體，貢獻了有史以來最大規模的經濟增長，經濟學理論需要對這一重要經濟現象提出解釋。

第二個原因是，與歷史上其他的 40 年相比，中國改革開放以來的經濟增長具有極大的獨特性，因此我們需要從中提煉出經濟學總結。其中最值得注意的一條是，改革的起點是一個政府高度統一管理的經濟體。從高度統一管理的計劃經濟出發，中國嘗試調整政府與經濟的關係。這個過程的獨特性不言自明。回看人類探索世界的進程，我們不難發現許多理論突破恰恰是緣起於某些「偶然的特例」，儘管這些特例揭示了普適性原理，但在當時的時代背景下都不是慣例的、常見的現象。例如，正是那些源自意外的實驗幫助人類發現了放射性現象，發明了治病救人的青霉素與製造汽車輪胎的硫化橡膠。從中國改革開放 40 年這一重要的「經濟實驗」出發，經濟學家最容易在政府與經濟的關係這一領域獲得有價值的、有啟發性的結論。同時，這些結論也將具有普遍意義，將與其他經濟體的發展息息相關。

在經濟學層面總結改革開放 40 年的第三個原因是眾多的新興經濟體對中國高速發展的經驗產生了濃厚興趣。世界上許多國家的領導人與民眾在嘗

試從中國的經驗中學習、總結具有普遍意義的、可複製的政策與制度安排。誠然，中國有許多有特色的政治與經濟制度，這些特色也許較難被簡單複製到其他國家，但中國的實踐也一定能總結出能被其他國家學習、應用的具有普遍意義的經驗。

（二）如何從經濟學層面總結改革開放 40 年

對中國改革開放以來的高速經濟增長，已有研究提出了許多解釋。從最宏觀的層面看，鄧小平同志「解放思想，實事求是」的論述無疑是為人稱道的。換言之，最有利於發展的制度與政策需要通過嘗試、實踐、探索得到，不能從「本本」出發主觀臆想。毫無疑問，這是中國經濟改革最重要的經驗之一。

理解中國經濟騰飛的第二個角度是從經典的經濟學原理出發進行分析。這些經濟學常識性的知識點的確發揮了巨大作用，毋庸置疑。例如，中國的成功與重視教育密不可分，甚至在改革開放前，中國就推動女孩和男孩平等地接受基礎教育；中國注重保護產權，推動眾多國有企業、集體企業進行所有制改革；中國通過國際貿易發揮了比較優勢。這些分析都有其道理，中國在這些領域取得的成就也舉世矚目。

理解中國經濟騰飛的第三個角度從中國特殊的制度因素出發進行分析。例如，一些理論向我們揭示了為什麼漸進式改革能夠在中國取得成功。[1] 許

---

1 Maskin, E., & Xu, C. , "*Soft Budget Constraint Theories: From Centralization to the Market*", *Economics of Transition*, Vol. 9, No.1(2001), pp. 1—27.
Lau, L. J., Qian, Y., & Roland, G. , "*Reform without Losers: An Interpretation of China's Dual-track Approach to Transition*", *Journal of Political Economy*, Vol. 108, No.1（2000）, pp. 120—143.
Bai, C. E., Li, D. D., Tao, Z., & Wang, Y. , "*A Multi-Task Theory of the State Enterprise Reform*", *Journal of Comparative Economics*, Vol. 28, No.4（December, 2000）, pp. 716—738.

多研究認為中國的改革是以「省」這一相對獨立的單元分散進行的，因此地方政府可以在恰當的激勵下進行差異化實驗。以這些地方政府發起的實驗為素材，中央政府可以識別最有效的措施並加以推廣。而在蘇聯，各地區只專業化地生產一小部分產品，並由中央垂直管理，因而很難推進分散化的改革實驗。還有一些研究從中國的政治制度出發，認為共產黨不受任何利益集團控制，因此執政黨的決策是中性的，而這種「中性政府」有助於中國經濟的持續增長。[1]這些分析都為我們理解中國特殊的制度體系提供了有力的分析工具。

　　與這些已有研究相比，我們的研究採用了不同的視角。我們試圖回答以下一些問題：我們是否能夠從中國改革開放中總結出一些可以寫進教科書的、具有普遍意義的、之前被忽視的經濟學原理？從中國經濟高速增長中能否提煉出具有普遍意義的經濟學原理，這些原理在其他經濟體發展，例如英國工業革命、美國內戰後的經濟增長以及日本經濟騰飛中同樣發揮了作用，卻被我們忽視了？這些經濟學原理是否能提供可被其他國家學習和複製的政策建議？

　　為此，筆者牽頭成立了專項課題組，進行了為期九個月的系統研究。課題組深入基層、奔赴一線，獲取了第一手的、內容翔實的信息。例如，課

（接上頁注）

Li, D. D. , "*Changing Incentives of the Chinese Bureaucracy*", *The American Economic Review*, Vol. 88, No. 2（1998）, pp. 393—397.

Qian, Y., & Xu, C. ,「Why China's Economic Reforms Differ: The M-form Hierarchy and Entry/Expansion of the Non-State Sector」, *Economics of Transition*, Vol. 1, No. 2（1993）, pp. 135—170.

Berglöf, E., & Roland, G. , "*Soft Budget Constraints and Credit Crunches in Financial Transition*", *European Economic Review*, Vol. 41, No.（3—5）（1997）, pp. 807—817.

1　Yao, Y., "*Neutral Government: An Explanation of the Success of China's Transitional Economy*", *Economic Review*, Vol. 3（2009）, pp. 5—13.

題組赴江蘇和遼寧做實地調研。江蘇省是我國人均 GDP 最高、GDP 總量次高的省份。課題組調研了江蘇省兩個城市，分別是長江以北的靖江市和長江以南的江陰市（蘇南地區歷史上是最具經濟活力、企業最為活躍的地區之一）。課題組也調研了遼寧省瀋陽市。瀋陽市堪稱「中國『底特律』」，在對外開放過程中承受了「轉型之痛」。瀋陽市曾是我國工業中心，20 世紀 50 年代承接了大部分蘇聯工業援助，興盛時期曾有 1400 多家市屬的國有企業，但目前僅剩 26 家。除實地調研外，課題組還與國家發展改革委、財政部、央行、自然資源部、住建部、證監會、原銀監會和原煤炭工業部等十餘部委的曾任、現任領導座談。他們是改革開放的親歷者，為我們提供了關於改革開放具體決策過程的有用信息和深刻洞見。課題組也查閱了大量學術文章和政府文件，以及國家領導人相關論述，例如《鄧小平文集》《陳雲文集》《江澤民文選》《朱鎔基講話實錄》以及習近平總書記系列重要講話等。

有兩點特別需要說明。第一，我們並非認為中國改革開放盡善盡美、在方方面面都取得了成功。實際上，中國經濟體系在很多方面亟待進一步改革。在改革開放過程中，有一些政策也不盡合理。我們研究的目的之一即為討論中國改革開放的成功之處和需要進一步改進之處。第二，我們希望立足經濟學的理論和經濟領域的具體實踐，探討中國改革開放背後的具有普遍意義的經濟學原理。

（三）改革開放 40 年的經濟學總結

回顧中國改革開放 40 年的歷程，我們認為在經濟學層面可以總結以下五點經驗。

第一點經驗是，經濟的增長需要新企業的創立和發展，而這就需要完備的市場和良好的營商環境。但是，在現實中市場並不完善，這就需要地方政府在適當的激勵下幫助企業解決成長中的問題。中國各級政府尤其是地方政府在土地、用工、協調運輸等方面幫助企業解決實際問題，引導上下游產業

協同發展，對新企業尤其是民營企業的發展和壯大發揮了重要作用。即使在美國，新企業也會遇到一些問題，需要政府來幫忙解決。諸如，一些企業要引進高技能勞動力，這就需要地方政府放寬移民政策；再如，硅谷的高房價抬高了企業的人工成本，這也需要當地政府幫忙解決。中國改革開放的經驗告訴我們，地方政府幫助企業的激勵對於企業進入與發展極為重要，這種激勵來自政治和經濟兩個方面。當然，有時候地方政府，在幫助企業創立和發展的過程中會存在一些非理性決策，因而，也需要有相應的約束制度來規範地方政府的行為。展望未來，政府應以進一步降低市場門檻和不斷改善營商環境為抓手，不斷促進新企業的創立和發展。

第二點經驗是，快速的土地轉換是經濟增長的關鍵，而這一點被當代經濟學整體忽視了。一項經濟活動需要使用的土地，可能已被其他用途佔用了，因此，土地使用權如何從一個經濟活動主體轉換給另一個經濟活動主體至關重要。而這個過程通常成本十分高昂，因為科斯談判本身的交易成本就是高昂的。在中國，地方政府有激勵並且有權限來加速這個土地轉化過程。絕大多數用於發展經濟的土地從農用地轉化為非農用地的過程由地方政府統一代理談判，而無論是工業園區還是房地產開發商，都是直接再從地方政府得到土地使用權：或者通過拍賣得到土地以開發住宅項目，或者政府直接以低價將土地補貼給工業企業。快速的土地轉換對加速企業進入也至關重要。

第三點經驗是，金融深化和金融穩定對經濟增長起着關鍵作用。此處，金融深化是指居民主動持有越來越多的金融資產，金融資產的增速超過經濟增速。金融深化對實體經濟增長至關重要，因為金融深化推動居民儲蓄通過金融體系轉化為實體經濟的投資。否則，有多餘資金的居民需要自己創業或者單獨尋找合適的投資項目，資金周轉慢，使用效率低。反映金融深化程度的一個指標是金融資產總量與 GDP 的比值。根據我們的測算，2018 年我國金融資產總量已經接近四倍的 GDP，而 1978 年僅為 0.6 倍左右。金融深化的前提是金融穩定，否則居民會減少持有金融資產，甚至在銀行和其他金融

機構進行「擠兌」。為了讓金融深化服務於本國經濟，還要求金融深化基於本國貨幣。以本幣為基礎的金融深化，一方面使得本國企業依賴「內債」而非「外債」，避免發生外債危機；另一方面也能避免資金外逃。為了保持金融穩定，中央政府需要積極化解金融風險，尤其是跟銀行體系相關的金融風險。

　　第四點經驗是，開放最根本的作用是學習，而非簡單地發揮比較優勢或利用外國的資金與技術。開放迫使一國的經濟主體學習國際上最先進的知識、制度、理念，並結合本國實際付諸實踐，這是培育經濟內生增長能力並逐步實現轉型升級的關鍵所在。為了實現經濟的可持續發展，各個經濟主體，包括企業家、工人與政府官員，都必須進行學習，而對外開放是最有效的學習途徑。誠然，開放的確有利於發揮比較優勢，但僅僅發揮比較優勢是不夠的。就中國而言，對發達經濟體開放而使本國經濟主體獲得學習機會的例子不勝枚舉，他們通過這些機會學習新的商業模式，學習管理技能，學習如何開拓新市場，逐步發展壯大自己。然而，開放也伴隨衝擊與風險，經濟主體應對外部衝擊也將付出不小的代價與艱苦的努力。此時，政府應發揮作用幫助工人、企業家等微觀主體應對開放的負面影響。中國的企業家、工人與政府官員共同努力，消解了這些衝擊。在這個過程中，中國的中央政府與地方政府做出了很大的努力：一方面為受衝擊行業的下崗工人提供基本的社會保障，並促進其再就業；另一方面積極招商引資，藉由大企業、大項目的落地提振本地經濟。從這一角度看，開放的進程也需要精心管理。

　　第五點經驗是，中央政府應對宏觀經濟進行積極主動的調控。經濟增長，尤其是經濟的快速增長，會不可避免地伴隨着宏觀經濟的衝擊，導致經濟時冷時熱。就中國而言，當宏觀經濟處於上升周期時，企業間存在着激烈的競爭和博弈，大多數企業在博弈中急於擴大生產規模搶佔先機，他們認為只要能擴大市場份額取得領先地位就能獲得成功。反之，企業若不能取得領先地位，則將遭受重大損失。由於預期收益很高，對於微觀企業主體而言，通過「搶佔先機博弈」來擴大生產是合理的。但是，所有企業家同時擴大生

產規模會導致過度投資，進而帶來產能過剩。另外，當宏觀經濟過冷時，現存的企業則不願意輕易退出。他們認為如果其他企業被迫擠出市場而自己能堅持並生存下來，就能獲得價格反彈帶來的可觀利潤。微觀經濟理論中的「消耗戰博弈」描述的就是這個現象。這一微觀主體理性博弈的結果是市場出清過程非常緩慢。

從微觀層面看，企業在「搶佔先機博弈」和「消耗戰博弈」中所做的決策是理性的。但是，從整個宏觀層面看，市場出清的漫長過程帶來了經濟社會低效率。中國中央政府積極地調控宏觀經濟，目的是加速市場出清的過程，從宏觀層面提升社會效率。當經濟過冷時，政府強制產能過剩的虧損企業退出，並通過財政補貼等方式幫助解決失業問題；當經濟過熱時，政府暫緩批准新項目，並責令商業銀行減少對企業的貸款。中國中央政府綜合應用包括財政與貨幣政策在內的市場化手段、行政命令以及改革等多種措施應對宏觀經濟的周期性波動。

總體而言，改革開放 40 年最基本的經濟學總結是，一個成功的經濟體，必須精心調整政府與經濟的關係，尤其是政府與市場的關係。各級政府作為經濟活動的參與者，他們的激勵和行為必須調整到位，只有如此，政府才能和市場經濟同向發力、相向而行，經濟才能長期健康發展。在經濟學的假設中，經濟學家往往忽視政府的作用，或「一刀切」式地認為政府不是仁慈的就是邪惡的。然而，現實要複雜得多，政府參與經濟活動的行為及其背後的激勵是經濟實踐中極為重要的問題，值得細緻研究。就中國改革開放的實踐而言，政府很多情況下是助推市場發展的力量。

基於對中國改革開放 40 年實踐的經濟學分析，我們認為中國經濟應在以下方向繼續發力，進一步深化改革。在新企業進入與發展方面，應深化財稅體制改革，賦予地方政府合理的財權事權，充分調動地方政府發展經濟的積極性；應適度提高地方政府稅收比例，激勵地方政府持續改善營商環境，營造公平開放市場，促進本地經濟發展；應放開行業准入門檻，加強相應監管約束；應推進落實降稅減負政策。在土地與房地產市場方面，應該改變地

方政府單一追求 GDP 的行為，鼓勵地方政府更加關注民生與可持續發展，轉向經營長期資產。借鑒德國和新加坡等國的經驗，土地供給向民生傾斜，增加住宅用地供給。在金融方面，應將債券市場作為中國金融體系深化改革的抓手和突破口，推進地方政府基礎設施建設投融資體系的改革，將地方政府基建融資從銀行體系「剝離」至債券市場；應大力建設和完善股票市場發展所需的制度基礎，強化證券領域偵查、檢察和司法力度，對違法違規行為給予嚴厲打擊；應推動金融服務業有序的開放，同時精心管理資本流動。在對外開放方面，應以開放、成熟、自信的心態繼續加快學習世界上一切先進知識、技術、理念，通過「請進來」、擴大開放、促進人員交流等措施推進科技、社會治理、金融法治建設、對外投資與國際經濟治理等領域的學習。在宏觀調控方面，應加強宏觀調控手段的市場化和法治化，避免宏觀調控對民營企業造成不公平待遇；應建立高效的政策反饋機制，提高宏觀調控的前瞻性、時效性、針對性和靈活性，避免過度調控和滯後調控；應更加注重財政政策的逆周期調控作用，防止順周期財政政策放大宏觀經濟波動。

二　政府與市場經濟學
——從中國共產黨領導的工業化偉大實踐提煉經濟學新知

　　中國共產黨的初心和使命是為人民謀幸福，為民族謀復興。國富民強的基礎是經濟現代化，而經濟現代化的基礎是工業化。新中國成立後，中國共產黨在中國大地上創造了人類經濟發展史上的工業化偉大實踐，工業增加值從 1952 年的 120 億元增加到 2018 年的 305160 億元，按不變價格計算增長970.6 倍，年均增長 11.0%。今天中國工業增加值總量已經穩居世界第一，也是全世界唯一擁有聯合國產業分類當中全部工業門類的國家，有 220 多種工

業產品的產量居全球第一。更重要的是，在中國共產黨建黨百年之際，中國經濟具備了工業體系持續升級的基本條件，充滿韌性與活力的工業體系已經成為支撐中國社會主義現代化建設的堅實基礎。

（一）中國工業化的偉大實踐

　　回顧百年奮鬥歷程，中國共產黨在建黨初期就認識到國富民強的基礎是工業化，工人階級既是中國革命的領導者也是中國工業化的建設者。中國共產黨帶領中國人民走過的工業化進程，堪稱世界經濟發展史上的偉大實踐。一個人口眾多、技術落後、工業基礎極其薄弱的國家，在短短的 70 多年時間內建立了世界上部門最全、總量最大、既能滿足本國百姓需求又能為世界提供穩定供給的工業體系。這一成就的創造經歷了極其曲折艱辛的歷史過程，基本上可以劃分為三個階段。

　　第一階段是從戰爭年代中國共產黨建立革命根據地進行土地革命以來，到改革開放初期。在這一階段黨領導工業化建設的指導思想是不斷探索通過黨和政府主導，集中資源，在重點領域儘快實現工業化。在革命根據地時期，中國共產黨已經意識到工業是軍事鬥爭的基礎，在當時極其艱苦的條件下，許多革命根據地已經建立起了兵工廠、服裝製造廠和製藥廠等，為軍事鬥爭提供了重要支撐。革命戰爭年代，工業發展的目標是保障軍事鬥爭的勝利。1949 年新中國成立後，尤其是黨的八大，提出國內主要矛盾是人民對於建立先進的工業國的要求同落後的農業國的現實之間的矛盾，是人民對於經濟文化迅速發展的需要同當前經濟文化不能滿足人民需要的狀況之間的矛盾，並開始領導人民開展全面的大規模的社會主義建設。其間集中資源在全國重點地區投資建設了一大批以重工業為主的重點企業和重點項目，長春第一汽車廠、@ 瀋陽機牀廠等。60 年代末，出於新的發展戰略考慮，又在內地佈局了一批三線工廠。許多工廠至今仍發揮着重要作用，包括攀枝花鋼鐵廠、四川德陽的東方汽輪機廠以及湖北十堰的第二汽車製造廠等。第一階段

的工業化探索，留下的一大批基礎性工業企業和產業也經過實施幾個五年計劃，建立起獨立的比較完整的工業體系。

1978 年開啟的改革開放開創了中國工業化的第二階段進程。這一階段工業化的最大特點就是各級政府部門有充分的激勵，積極培育、引導、匡正市場機制，以市場機制為主體，實現了快速而全面的工業化。一大批的輕工業、重工業以及基礎重化工業企業如雨後春筍一般湧現和發展，這一階段工業化的另一個重要特點就是在引進、消化、吸收的基礎上實現工業發展，為今天的中國工業打下了雄厚基礎。

中國工業化的第三階段就是黨的十八大以來，新時代中國特色社會主義進程中的工業化。中國經濟工業化進入中後期，質量比數量更為重要。中國工業的增加值在國民經濟中的比重開始下降，不少部門面臨去除過剩產能、企業重組、提高產業集中度等亟待解決的重大課題。當前正在進行的工業化是以產業鏈為基礎，以核心技術為抓手，以高質量發展為目標的工業化，這一工業化進程將使中國工業真正成為世界領先的工業，讓中國從工業大國邁向工業強國。

（二）從中國工業化實踐提煉經濟學新知

當前中國經濟學界的新使命就是要認真總結包括中國工業化實踐在內的中國經濟發展的基本經驗，從中國特有的經濟實踐中提煉出在世界範圍內具有普遍意義的經濟學新知，這對於實現中華民族偉大復興具有關鍵性的作用。一方面，只有在經濟學學理層面把中國共產黨領導的成功實踐經驗總結清楚，廣泛得到國際同行的認可，才能夠在國際上論證清楚中國共產黨為什麼「能」，中國的政治經濟體制具有什麼樣的普遍意義，其普遍性為什麼在全球範圍來看具有先進性，為什麼是值得其他國家學習借鑒的；另一方面，只有在經濟學學理上將中國過去的成功實踐經驗總結清楚，才能對中國經濟下一步的發展提供更好的理論指導。

　　中國經濟學界應該怎樣完成這一偉大的使命呢？最近幾年來清華大學中國經濟思想與實踐研究院一直致力於從政府與市場經濟學的角度來提煉中國經濟實踐的經濟學新知。我們認為，必須緊緊抓住中國的經濟實踐最獨特、最值得總結的的特點，實現從特殊性到普遍性的邁躍。中國經濟發展最具特色的是，一方面把市場機制的優勢最大程度地發揮出來，另一方面也避免了市場經濟發展的盲目性，而在這一過程的關鍵是政府自身的激勵機制必須不斷完善。

　　政府與市場經濟學是研究如何設計和調整政府自身的機制和體制，從而讓政府更好地培育、引導和匡正市場發展的經濟學分支。當前，政府與市場經濟學國際學會（The Society for the Analysis of Government and Economics, SAGE）已經成立，學會的國際雜誌 Journal of Government and Economics（《政府與市場經濟學評論》）已經從政府與市場經濟學的角度來總結中國快速工業化的偉大實踐，我們可以得到以下六個方面的具體經驗，值得進一步的提煉總結，從而豐富政府與市場經濟學理論，為經濟學貢獻新知。

　　第一，工業發展的前提是基礎教育和公共健康水平的提高，政府在這些領域應發揮基礎性的作用。新中國成立伊始，中國共產黨和人民政府強力推動掃盲運動，文盲率從 1949 年的 80% 降低到 1982 年的 22.8%，同期的成人識字率也提高了 45.5%。同時，男女平等迅速實現，公民的健康水平不斷提高，中國平均預期壽命從 1949 年的 35 歲提高至 1982 年的 68 歲。如果沒有這些條件，中國的工業企業不可能在過去 40 多年內迅速僱傭數量龐大的產業工人。這一點值得世界上很多發展中國家學習和借鑒的，也是當前許多經濟落後國家極為短缺的。

　　第二，政府應該激勵促進新企業的成立和發展，以此大大加快工業化進程。改革開放以來，各級政府不斷推動新企業的創立和發展，這部分企業有些是從小作坊逐步培育成現代化企業的，有些是政府從海內外招商引資的成果，有些是從國有企業或者是集體企業轉制而來的。這些企業的創辦過程中都面臨了各種各樣的難題，各級政府就是在不斷地給這些企業解決難題的過

程中培育了相應的市場，包括勞動力市場、土地市場等等，所以新企業成立進入市場的過程，也是一個市場培育的過程。通過創立這些企業，地方政府獲得了稅收、創造了 GDP、提升了就業，也促進相關政府部門工作人員的職業發展。政府自身的激勵與市場經濟發展是同向的。

第三，政府應該在土地使用權的快速轉換過程中發揮應有的作用。地方政府通過徵地和土地的一級開發促進了土地使用權的快速轉換，如果解決不了土地問題，工業化就是一紙空談。在英國、美國等西方經濟發達國家的工業化過程中，他們的政府也是在土地使用權方面發揮了積極的作用，包括當時英國的圈地運動以及美國的西進運動。非常遺憾的是，當今的經濟學文獻在土地使用權轉讓和保障工業化快速推進的問題上研究極其匱乏，尤其缺乏的是政府在土地使用權轉化過程中的行為和激勵研究。中國已有部分學者就這一領域展開了積極探索，還需要進一步系統地總結提煉，融入政府與市場經濟學理論體系，在國際上贏得廣泛認可與關注。

第四，政府應該鼓勵引進關鍵企業，尤其是龍頭企業，解決市場的外部性問題，從而構建工業配套體系。改革開放以來，很多地方政府在招商引資的過程中尤其注重延攬龍頭企業。上海市政府引入的大眾汽車項目以及瀋陽引入的華晨寶馬項目，都是先引進總裝廠，然後推動相關零部件的國產化，從而在本地推動一大批的配套企業發展。這種從龍頭企業出發，再逐步推到下游企業的做法是政府引領市場發展的重要實踐，也需要進一步地總結。

第五，政府應該通過主動的、有管理的對外開放推動對外學習，提升管理和技術水平，加快工業化進程。全球化時代，資本、產品、技術在全球範圍內快速佈局，決定一個經濟體工業化成功與否的關鍵是是否具備學習能力。中國對外開放是有管理的漸進式的開放過程，在這個開放過程中的一個重點是對外學習，通過學習促進工業升級，而不僅僅是發揮比較優勢。開放的目的是讓國內的企業近距離的學習國外企業先進的管理經驗和生產技術，中國一大批本土企業就是在這種漸進式的過程中逐步掌握了關鍵技術和管理理念。

　　第六，政府應該維護產業鏈穩定性引導企業追求核心技術突破。產業鏈的穩定性以及產業鏈的升級是工業化發展的關鍵，而產業鏈穩定性的關鍵在於核心技術必須掌握在自己手裏，過去幾年以來在這個問題上政府與社會各界已經達成了共識。那麼如何維護產業鏈的穩定性，如何突破技術難關，其關鍵就是要由政府發揮引領作用，起到「四兩撥千斤」的效果。例如，要充分發揮政府基金的作用，推動政府基金的管理體制改革，必須堅持民主討論、科學論證。各級政府的激勵機制調整到位、政府與市場的關係就會理順，才能夠更好地引領市場的發展。

　　總之，在中國共產黨的領導下，中國工業化的進程堪稱世界經濟發展史上的最偉大的實踐。當今中國經濟學界的重大使命就是要基於中國經濟發展的成就，總結中國經濟發展實踐，在全球範圍內提煉總結經濟學新知，為中國和中華民族的偉大復興創造學理基礎，同時為中國經濟的進一步發展提供理論指導，解決經濟發展中的重大戰略問題。

（三）從中國經濟實踐到中國經濟思想

　　中國經濟發展是人類經濟史上的奇跡。過去十多年我和我的團隊通過查閱中央和地方的歷史文獻，根據原始數據計算北宋、明朝以及清朝經濟活動的總量，發現中國經濟以北宋為起點，佔全球經濟的比重是逐步上升的，公元 1600 年明末的時候達到最高峰，佔全球 GDP 的 34.6%，此後逐步下降。中國人均 GDP 則從公元 985 年開始，基本沒有大幅度提升，1700 年後穩步下降。1820 年西方國家第二次工業革命全部展開時，中國佔全球經濟活動總量呈斷崖式下降。到改革開放前，按購買力平價計算佔全球總量 4.9%；改革開放後，中國 GDP 增長遠超全球平均速度，目前佔全球 GDP 達 18.2%。因此，我們今天所見證的中國經濟的高速發展是過去 400 多年來的第一次。對比英國、美國、德國、日本等國家歷史上經濟快速增長的 40 年，從佔世界經濟比重上升的幅度可以發現，改革開放 40 多年間，中國貢

獻了人類歷史上最大規模的經濟增長，且這一增長至今仍在持續。面對人類歷史上最大規模的經濟增長，我們有理由相信，中國經濟實踐可以在經濟思想層面作出自己的貢獻，能夠為經濟學理論貢獻新知。

重大的經濟思想，往往產生於重大的經濟實踐，這是人類認知的基本規律，也就是說思想來自於實踐。但如果這句話反過來講，就不一定正確，即每一次重大的經濟實踐不一定自動產生重要的經濟學理論。那什麼樣的經濟實踐才能產生經濟學理論呢？我認為至少有以下三個要素：第一，經濟發展本身是可持續的，不是曇花一現；第二，經濟發展必須能給世界人民帶來福祉，而不是產生戰爭和動亂；第三，也是非常重要的一條，就是經濟快速發展國家本國的經濟學學者必須有意識地堅持總結自己國家經濟發展的經驗，並將經驗上升成為經濟學理論。

如何將中國的經濟實踐上升為經濟學新思想，首先中國學者要有新知意識和普遍性意識，也就是說必須要從中國經濟發展中提煉出之前經濟學研究所沒有關注到的，且在全球範圍內具有普遍性、對其他國家的經濟發展也有借鑒意義的經濟學新知。在這方面，我們認為中國的經濟實踐最有可能在「政府與市場經濟學」方面為國際經濟研究同行帶來啟發。

政府與市場經濟學是研究政府在市場經濟中的作用與行為的經濟學新分支，它有三個基本的出發點。第一，政府在現代市場經濟中是一個極為重要的直接參與者；第二，政府的行為直接影響着市場經濟的表現；第三，必須要建立一套機制，激勵政府培育與監管市場經濟的發展。

這三條是政府與市場經濟學研究的根本原則，與現有的其他經濟學分支有明顯不同。其他經濟學分支一些假設政府是站在上帝視角，追求社會總體福利最大化；還有一些是反過來假設政府有缺陷，要儘可能減少政府干預。在政府與市場經濟學的研究中，這兩類假設都是極端的，我們需要研究的是在現實生活中如何建立一套合理的機制，能夠讓政府的作用與市場的作用同向發力。

三　宋代領先世界，清代落後西歐：
中國古代經濟發展研究告訴我們什麼？

今天沒有人講得清中國經濟史的大圖像，儘管我們許多前輩和同人作了傑出的研究，但也多是對單個地區或單個話題，如江南的米價波動、江南運河修浚等等，具有特別的了解。只有了解自己完整的過去，一個民族才能更好地了解自己的今天。而了解過去的基礎工作，是了解這個民族過去歷史上經濟發展的整體情況，並進行國際比較。

（一）幾個基本結論

我們的研究得出了以下幾個基本結論。

第一，中國古代的經濟發展水平按當今的標準看是十分落後的。例如，我們發現按 1990 年美元測算，明代人均 GDP 約為 920 美元，清代約為 760 美元，低於改革開放後的水平。注意以上美元計價的絕對值取決於古代與現代的貨幣比值，在之前我們發表的一篇文章裏，按照實物產量乘以當今世界物價計算，以上收入水平更低。作為推論，我們可以更好地理解古人生命的經濟價值，是遠遠低於現代人的。戰爭中生命犧牲的經濟成本比今天低很多。

第二，從北宋初年到明代，中國人均 GDP 在一個較高的水平上波動，清代則呈現出下降的趨勢。我們的分析表明，人均 GDP 下降的原因，主要是人口增長速度超過資本、土地的積累速度。在將近 900 年的時間裏，人均耕地面積持續下降，這一下降沒能被糧食畝產量的上升所彌補。換言之，人均佔有的土地量、勞動工具包括牲口數量是下降的，這導致勞動生產率不斷降低。

第三，通過國際比較我們發現，宋代中國的生活水平世界領先，但在

1300 年（元代大德四年）之前已經落後於東羅馬帝國，1400 年（明代建文二年）前後被英格蘭王國超過；1750 年（清代乾隆十五年）之前，雖然中國的部分地區和歐洲最富裕地區的生活水平相距不遠，但是作為整體的中國已經落後於西歐，因而，東西方的大分流在工業革命之前就已經開始了。這一發現與以上人均 GDP 逐漸下降的發現密切相關，也就是說，中國人均勞動生產效率的不斷下降對於經濟發展、國家進步而言是重要的負面因素。

（二）客觀評估古代經濟發展，是為了解現在展望未來

以上發現是過去十幾年來我們的研究團隊長期努力的結果。最近，我們的研究也得到了國家社會科學基金重大項目的支持，論文逐步在國內外學術雜誌上發表。這些發現在中國經濟學界引起了一些重視，但其重要性還沒有被完全意識到。2017 年，英國《經濟學人》以及《日本經濟新聞》雜誌對此進行了報道，這才反饋到國內媒體界，也不可避免地引發了一些議論。為此，有必要進行一些說明。

第一，這個項目是一個長期的、系統的、艱苦的研究工作。我們用生產法來測量中國古代 GDP 的總量、人均量及結構，測量的基礎是相關朝代官方和民間的各類記錄。比如對於明代，我們使用《明實錄》《萬曆會計錄》、地方誌等史料進行測算，這些史料對人口、糧食以及手工業（包括陶瓷、紙張、生鐵、銅等生產量）都有比較詳細的記錄。宋代的數據則來自《宋會要輯稿》《宋史・食貨志》《續資治通鑒長編》《文獻通考》等。事實上，中國在這方面的歷史數據記錄遠遠超過同時期其他國家。正是得益於中國歷史數據的完備性，和國際同行相比，我們的研究在方法論或數據的嚴謹性上遠遠領先。

據此，我們不同意中國經濟史「加州學派」的觀點，他們認為中國清代

經濟發展水平是世界領先的。我們的數據比「加州學派」更全面。同樣，我們也推翻了英國經濟學家麥迪森（Angus Maddison）有關中國經濟史研究的若干結論。

麥迪森的研究被廣為關注，他認為中國人均 GDP 在宋代從 450 美元上升到 600 美元（注意他的古代和現代的物價折算比率與我們有所不同），此後一直維持在這一水平，這一推測與我們的研究結論不盡相同。麥迪森原本計劃參加我們於 2010 年 5 月組織召開的第二屆亞洲歷史經濟學年會，但其不幸在當年年初去世，遺憾未能成行參會。在此之前，我們與麥迪森有過多次的通信來往，並反覆追問他計算中國經濟總量的基礎是什麼。最後，他通過電子郵件告訴我們，他完全是通過自己的估算假定中國歷朝歷代的人均 GDP 水平，然後乘以人口數量得出經濟總量。相比而言，我們使用具體的數據進行了嚴謹的計算和檢驗，雖然還有很多地方需要繼續改進和完善，但是應該說比麥迪森的估算前進了一大步。

第二，如何解釋我們的研究發現？有人說，我們的發現證明中國歷史上並沒有那麼強大；也有人甚至據此講，中華民族的復興夢實際上是一種虛幻的夢，中國歷史上並沒有那麼輝煌。這些說法都錯誤地解釋了我們的發現。

我們的發現是說，中國的人均 GDP 在公元 1000 年左右處於世界最高水平，只是從公元 1300 年左右開始落後於意大利，1400 年開始落後於英格蘭王國，這並不等同於說中國在歷史上沒有那麼輝煌。相反，這說明中國古代的經濟發展比我們之前的認知更加早熟，古代社會達到人均發展水平的高點比我們之前的認知更早，中國經濟開始落後於西方的時間段也早於世人的認知。

那麼，如何解釋中國古代社會經濟發展比之前認知的更加早熟、落後於西方的時間段比我們的認知更早這一發現？學術界對此一定有各種不同的觀點，這顯然超出了我們這一學術研究項目的範疇。我個人傾向於做如下解釋：中國的社會政治體制在很早就進入了一個高水平的超級穩態。中國是世

界上少有的很早就在意識形態上達成統一的國家，西漢時期就已經達成了這種統一。隨之而來的是，中國古代的政治體制也相對成熟得非常早。又由於中國處於歐亞大陸的最東端，沒有受到太多外來者的侵佔和攻擊。所以，中國出現了一個政治上相對穩定，以孔孟之道為核心、意識形態相對統一的大一統體制和政治經濟結構。

這種結構使中國的經濟很快就達到了增長的潛在水平，進入到一個穩態之中。由於中國社會相對穩定，處於主流意識形態的孔孟之道崇尚多子多福，中醫又有較為發達和早熟的保健和生育技術，這使得人口增長得非常快。這樣一來，中國很快就形成了一個大而不強、穩定又相對脆弱的帝國形態。這並不是說中華文明落後於世界，而是說明中華文明是世界文明中比較獨特的一支。

據此，有一個推論就是，中國如果沒有和外界發生直接的交流和衝突，就不可能發生英國式的工業革命。因為中國的人均 GDP 下降，但勞動力並不短缺，對節約勞動力的技術創新需求不足。儘管在中國的個別地區如江南的人均 GDP 相對較高，但是不可想像在大一統的體制下，局部地區出現資本主義體制，而整個國家仍然是封建體制的狀態。

坦率地說，這些觀點與經濟史界的泰斗和前輩如吳承明、李伯重等先生是不同的。我們認為，用新方法認真仔細做基礎研究而得出不同的結論，這才是對前輩最大的尊重。

目光轉向今天，中國為什麼能夠迅速地發展？因為中國長期以來堅持的傳統文化有着強大的穩定性和生命力，這種自洽的、穩定的文明體系在西方列強的衝擊下產生了自我革新和自我變更的動力，促使中國近代以來發奮自強、逐步開放，最終帶來中國過去改革開放 40 多年來的巨大成績。

研究歷史告訴我們過去，目的是展望未來。研究過去讓我們懂得了自身的發展歷程，也更加讓我們理解改革開放的重要性。這正是激勵我們不斷前進，堅持改革開放的動力。

四 建立以人民為中心的官員考核體系

（一）中國經濟發展從高速度轉向高質量

改革開放已經解決了百姓的溫飽問題，2017 年後，中國已經進入全面建成小康社會的決勝期。黨的十九大報告明確指出：「從二〇三五年到本世紀中葉，在基本實現現代化的基礎上，再奮鬥十五年，把我國建成富強民主文明和諧美麗的社會主義現代化強國。」[1] 在經濟發展的指導思想方面，黨的十九大報告也提出了新的發展理念。過去 40 年中國經濟的快速增長，在世界經濟史上已經極其罕見；展望未來，擺在我們面前更大的挑戰是要在 2018—2050 年間繼續保持 33 年的平穩較快發展，也就是說，中國的目標是要保持經濟連續 73 年堅實、平穩的發展，這在人類經濟史上將創造一個不折不扣的奇蹟。

事實上，要實現這一目標，未來 33 年中國經濟不需要非常快的發展速度。根據清華大學中國與世界經濟研究中心的測算，如果從 2017 年算起，之後八年中國 GDP 保持 5.5％的增速，接下來 15 年保持 4％的增速，而在最後十年保持 3％的增速，那麼中國經濟到 2050 年將達到世界最發達經濟體的中位數水平，相當於今天的日本、英國等發達國家的經濟發展水平，且這一計算已經考慮了發達國家仍按過去 20 年的平均經濟增速前進。

因此，中國經濟未來 33 年的根本任務是保持平穩發展，而不是快速發展。這就是 2017 年年底中央經濟工作會議提出經濟工作要從追求高速度轉

1　習近平：《決勝全面建成小康社會　奪取新時代中國特色社會主義偉大勝利 —— 在中國共產黨第十九次全國代表大會上的報告》，人民出版社 2017 年版，第 29 頁。

向高質量的原因之一。高質量最核心的要求是可持續發展，是平穩發展，是不摔跤不犯錯誤、不走回頭路的發展。

（二）建立新的考核指標，推動地方官員提升發展質量

中國經濟的最大特點是政府與市場的力量同向而為、有機結合。與其他國家相比，中國地方經濟官員在促進發展方面起到的作用極為突出，他們是經濟發展的推動者、策劃者。因此，地方政府的行為直接影響着中國經濟發展的速度和質量。

在中國過去的高速增長時期，地方官員所關心的是考核指標。在各種考核指標中，最重要的是地方 GDP 增速、固定資產投資增速、稅收上升的速度，以及這些指標在相關地區中的排名。官員圍繞着這些指標加班加點、全力以赴，這是推動中國經濟發展的最大動力，也是最有特色的動力。

中國經濟要從高速度轉向高質量，地方官員的考核指標也必須做出相應的改變。按照黨的十九大報告的要求，首要任務是建立以人民為中心的考核指標。我認為，在未來一段時間內，以人民為中心的考核指標應該包括以下三個重要方面。

第一，全國一盤棋，各個地區從總量經濟發展轉向人均經濟發展。經濟發展仍然是地方政府所關心的重要話題，因為一系列重大社會矛盾都必須在經濟發展的過程中解決。但是必須看到，中國已經進入大國經濟時代，人口和資金在不同地區之間的流動將會大幅度加快。因此，某些地區獲得了從其他地區流出的人口和資金，GDP 發展速度會快一點，而另一部分地區失去了人口和資金，增長速度會慢一點。這是大國經濟發展的自然特點和必然要求，也是大國經濟增長優勢之所在。例如，個別沿海地區還將快速發展，而一部分生態環境需要保護的中西部地區經濟增速就慢一點，這是「五位一體」發展理念中生態文明建設的發展要求，是貫徹「綠水青山就是金山銀

山」[1] 的要求。在這種情況下，各地方領導也不能單單關注本地區經濟總量的絕對增長速度。應該怎麼辦？增長的理念、增長的目標應該放在人均發展水平上。將來制定經濟指標的時候，應該強調一個地區的人均發展水平要不斷提高，哪怕當地總量經濟水平有可能下降。這才是公平合理的機制。

第二，要把民生發展的各種指標考慮進去，包括本地區居民的人均可支配收入的增長速度、本地區居民的受教育水平（尤其是高中階段的受教育水平）、大學毛入學率的上升速度、本地區調查失業率的情況，以及本地區居民的人均壽命、健康水平等等。在此還特別需要指出的是，一些影響社會穩定的指標的考核，比如說本地區中等收入家庭的比重、本地區人口的自然增長率，以及本地區適齡婦女的生育率等也要考慮。這些是影響中國經濟和應對人口老齡化、實現經濟人口健康平衡發展的重要指標。

第三，特別重要的是，不僅要考慮一些客觀指標，還要考慮到各個地區百姓滿意度的主觀指標。全面建成小康社會的一個重要要求，應該是百姓主觀認知的幸福程度不斷提高。而這種主觀認知的幸福度，在相當程度上和本地政府的執政業績有直接的關係。比如說在本地區，如果社會相對穩定，百姓生活比較安定，惡性事件發生得少，那麼百姓的認可度就會提高，這是執政的民意基礎。這一系列主觀指標建議由組織部門與統計部門聯合，獨立於本地區的行政機構進行調查，這樣才能比較客觀公正地獲得數據。

這些主觀指標如果測量適當，並且能夠與客觀指標相應地綜合考慮的話，將能夠把百姓的民意與政府的執政更好地結合。這在很大程度上將把西方所謂「民主國家」一些值得借鑒的優點吸納入中國特色的社會主義國家治理體系中。民主制度的弊病在於民意很容易被政治家操縱，而一人一票的方式往往會走向極端，從而導致社會分裂。當年特朗普的上台，事實上就加劇了美國社會的分裂。但是，如果用客觀的民意調查這種方式，作為考核官員

1　《習近平談治國理政》第二卷，外文出版社 2017 年版，第 209 頁。

時的輔助指標，應該有利於把社情民意更好地反饋出來，同時改善目前地方
領導相對更關注對上負責的傾向。

　　總之，新時代和新發展理念需要一套新的官員考核體制。這一新的考核
體制，要促進未來的經濟可持續發展，也要引導各地方的主政官員把精力轉
移到傾聽民意和改善民生上，這樣才能夠保證黨的十九大提出的宏偉目標得
以成功實現。

五　雄安新區發展的關鍵是制度創新

　　自雄安新區 2017 年 4 月 1 日成立之後，這一消息引發了社會各界的議
論和分析。有一部分觀點認為，雄安新區將成為 21 世紀中國經濟增長的亮
點，其地位類似於深圳和上海浦東新區。這種把雄安新區和深圳、上海浦東
新區進行簡單比較的觀點，恐怕並不符合實際，因為雄安新區的自然地理
條件不同於深圳和上海浦東新區，它不靠江、不臨海，沒有出海口，周邊也
缺少具有深厚市場經濟底蘊的經濟中心。因此，希望雄安新區變為 GDP 超
萬億元、經濟規模與大型城市相媲美的新型城市的想法，恐怕是不切合實
際的。

　　那麼，雄安新區的建立可以在哪些方面帶來長久性、全域性的影響力
呢？筆者認為，雄安新區應該成為 21 世紀中國現代化制度探索的一個重要
里程碑。具體來說，其在經濟發展、社會治理、生態文明建設的制度探索方
面，具有標杆性的創新意義。

（一）經濟體制

　　經過多年的發展，中國市場經濟體制已經開始定型，出現了一些在全球
範圍內值得回顧總結的創新點。但不可否認，中國經濟現有的很多制度還必

須持續地改革、不斷地創新。

首先，在土地管理方面，現有體制過分依賴市場化的土地出讓機制，這使得各級地方政府過於依賴土地出讓的收入。土地財政的直接後果是地方政府出現短期行為，寅吃卯糧現象非常嚴重。

同時，土地財政推高了以市場機制為主導的房地產價格，帶來了一系列社會後果。為此，雄安新區應該探索一種由政府管理與市場機制緊密結合的土地管理辦法，比如說，可以探索一個三級土地和房地產管理模式。第一，政府可以長期持有相當一批房地產物業，通過出租的方式提供給在雄安新區長期生活就業的居民。第二，政府也可以建造一批「小產權」房，按照市場定價的原則賣給在雄安新區長期工作的人群，類似於美國斯坦福大學給自己教授建造的住房。這種住房只能限於在本地工作的人員內部流轉。第三，雄安新區的另一部分物業也可以完全面對市場開放，但其前提也是提供給具有雄安新區長期居住證的人員。通過這三種方式，讓土地的使用能夠長期支持本地的經濟發展，避免房地產淪為投資和投機的工具，也為地方財政提供長期的財源。

在公共財政方面，雄安新區應該仔細研究中國香港和新加坡的模式，那就是主要的財政收入應該還是來自企業的納稅，而個人所得稅則作為低稅率但覆蓋面比較廣的稅種。這樣就能使得雄安新區的地方財政與本地經濟發展密切聯繫，讓地方政府更加積極主動地扶持本地企業的發展，也使得那些以工資收入為主的中產階層不至於背負上沉重的個稅負擔，同時也使得個人所得稅變得較為簡單而可操作，避免西方發達國家那種以個人所得稅為主的模式。事實證明，發達國家這種以個人所得稅加房地產稅為主的地方財政模式並不成功，因為這使得地方政府與企業的關係相對鬆散，而且個人所得稅也變得極其複雜，讓個人所得稅體制變成了各方政治勢力討價還價和游說的對象，這是美國式公共財政的悲劇。

在經濟發展方面，雄安新區也應該積極探索，比如，政府長期持有一部分地方企業非控股的股權，但不是直接控股這些企業。這就相當於新加坡的

「淡馬錫模式」，那就是政府控制一部分企業的股權，以此加強政府與企業的聯繫，也為地方政府的發展提供堅實的財政基礎，但是政府並不干預企業的運行。

（二）社會治理

在社會治理方面，特別值得雄安新區進行大力的創新。在交通管理方面，公共交通應該成為雄安新區內的交通主體。特別需要強調的是，不同的公共交通方式之間需要進行快速、便利、無縫的接駁，比如，從高鐵到地鐵到公交車以及公交車站旁邊的共享單車，形成一條龍公共交通服務。在私人轎車的管理方面，完全應該採取收取擁堵費的方式，引導居民可以擁有車但是少用車，讓真正需要用車的居民能夠買得起車且真正需要時也用得起車。雄安新區應該成為交通新區，有專門的智能交通的收費和引導方式。雄安新區應該向汽車限購、限行說不。

在公共治理方面，尤其要探索建立基層政府（如街道）與居民直接溝通的渠道，應該定期召開面向本地居民的公共政策討論會、聽證會，把很多重大公共事務交由居民來表決，部分基層官員崗位可以嘗試差額選舉；基層性的稅收，例如物業稅乃至個人所得稅，可以交由基層政府管理使用。雄安新區的教育經費應該由新區統一安排，新區內部各個學區之間的教育資源應該相對平衡，避免學區教育質量苦樂不均的情況。

（三）生態文明制度

在生態文明建設方面，雄安新區也應該成為全國的標杆。雄安新區的自然條件並不理想，大氣污染擴散能力不強，水資源相對短缺，這將推動雄安新區在自然資源的管理方面建立一套嚴格的體制。為此，應該由政府設計和引導，建立一套市場機制來合理配置稀缺的自然資源。例如水資源和排污權

由市場定價，但是政府要發揮維護市場的作用，嚴厲打擊偷排污水、偷采地下水等違法行為。自然資源的定價按照市場規則，雄安新區內的水價很可能會比周邊地區高，而這只是充分反映雄安新區水資源短缺的客觀情況，而不應該引發特別的爭議。

　　總之，雄安新區如果能夠在經濟發展、社會治理以及生態文明制度上進行一些超前的、可推廣的制度性創新探索，其將成為國家新一輪現代化制度創新的標杆，從而實質性地加快國家整體現代化進程。

六　借鑒世界銀行經驗，改革基礎建設投資體制

　　近年來，中國經濟的增長速度較之前有了明顯放緩。中國經濟到底還有沒有潛力保持比較快的增長速度？如果有，新的增長點在哪裏？應該如何通過改革和創新促進中國經濟的新增長點的形成？這是分析當前宏觀經濟形勢必須回答的三個問題。

（一）中國經濟仍然有較快增長的潛力

　　要回答中國經濟的增長潛力，必須把中國經濟當前的發展階段放到一個大的歷史背景中來考察。

　　中國經歷了多年的經濟快速增長，今天已經成為世界第二大經濟體，經濟規模比排在第三位的日本超出了將近一倍。儘管如此，我們必須看到，中國當前的人均 GDP 發展水平按購買力平價的匯率計算仍然只有美國的20％。

　　縱觀人類現代市場經濟發展的歷史，我們會發現，一個經濟體的增長潛力有多大，最主要的決定因素是，該經濟體與世界上標杆性的發達國家人均

GDP 的差距。近幾十年來，在全世界人口總量超過 1000 萬的大國中，美國的人均 GDP 發展水平始終保持最高，是全世界經濟發展的標杆。歐洲各國包括德國的人均 GDP 發展水平，按購買力平價（PPP）計算基本上為美國的 80%～90%，日本當前是美國的 70%（曾經達到過 85%），韓國、中國台灣地區也接近美國的 70%。

東亞各經濟體追趕美國的歷史經驗告訴我們，當它們的人均 GDP 與美國差距較大時，追趕的速度是比較快的；接近美國時，步伐就會放緩。其基本原因是，差距大的經濟體可以從美國等發達經濟體學習先進的技術和商業經營的模式，更可以向發達國家出口，從而提升本國國民的收入水平。

日本的人均 GDP 在第二次世界大戰之後達到了美國的 20%，中國台灣地區和韓國的人均 GDP 則分別在 20 世紀 70 年代、80 年代達到美國的 20%，在此之後的五年到十年間，這些經濟體的增速都在 8% 以上（見表 1）。因此，我們應該有充分的信心來預測，中國經濟在未來的五年到十年仍然有接近 8% 甚至超過 8% 的增長潛力。當然，這一潛力需要通過社會經濟制度的改善來釋放。

從長遠來看，中國經濟有三大發展優勢。一是作為大國經濟，中國擁有巨大的腹地，不必過分依賴國際市場。二是中國經濟是一種趕超型、學習型的經濟，能不斷從發達國家學習新的商業模式和技術。三也是最重要的，中國經濟與 20 世紀 80 年代末的日本經濟不同，仍然有體制創新的原始動力。

中國如果能夠持續改進政府的社會綜合治理能力、提高司法效率、改進金融體系的效率，長遠的增長前景將非常可觀。根據我們的測算，到 2049 年，即中華人民共和國成立 100 周年之時，中國的人均 GDP 發展水平（按購買力平價計算）有可能達到美國的 70%～75%，總體經濟規模將接近美國的三倍左右。根據這一分析，我們應該看到今天中國經濟的一些困難是暫時的，中國應該有底氣在今天適當地採取一些措施來應對經濟增速放緩的態勢。這是因為，中國可以通過未來較快的經濟增長速度和與此同步上升的國家財力，來彌補當前維繫經濟增長的一些社會成本。

（二）當前中國經濟增速放緩的原因

從本質上講，當前中國經濟增速放緩的主要原因是傳統的增長點正在褪色，而新增長點尚未完全爆發。

中國傳統的經濟增長點有兩個，一是房地產，二是出口。21 世紀前十幾年，房地產開發及其拉動的相關產業是中國經濟增長的第一大動力。房地產開發投資長期以來佔到中國全部固定資產投資的 20％、GDP 的 10％左右。同時，由於房地產行業的特殊性，它不僅拉動着眾多相關產業的增長，也帶來了巨大的財富效應，讓已經買房的家庭在房價不斷上漲的同時獲得了巨大的財富增值感，因此撬動了相當數量人群的消費。出口則在中國加入 WTO 之後長期保持兩位數甚至高達 20％的增長，2007 年出口佔 GDP 的比例達到 30％以上，外貿順差佔了 GDP 的 8.8％。

但是這兩大經濟增長點都在逐步褪色。房地產的增長碰到了困難，原因有兩個：其一是城市居民的住房需求已經基本得到了滿足，97％以上的家庭都擁有了自己的房產，人均住房面積也達到了 33 平方米，一個三口之家的住宅接近 100 平方米，而且每年還在上升。其二是由於金融改革的加速，許多家庭可以比較容易地獲得 5％以上，即超過通脹水平 2.5％以上的低風險的、流動性極強的金融投資回報，這改變了居民長期以來形成的、將投資買房作為財富增值保值手段的格局。

同時，出口作為中國經濟增長的拉動力已經光環不再。最重要的原因是中國經濟的規模已從 2009 年前的 5.1 萬億美元上升到 2018 年的 13.6 萬億美元，世界這個大市場再也不能提供與中國經濟增長同步的進口需求，更不用說中國自身的勞動力成本上升、利率上漲也為出口帶來了各種各樣的阻力。

（三）中國經濟的新增長點在哪裏？

既然中國經濟仍然有較大的長期增長潛力，那麼未來的增長點在什麼地

方呢？我的分析是，中國經濟未來存在三個增長點，這裏按照有可能爆發的順序列舉如下。

　　第一個增長點就是民生性、公共消費型基礎建設投資。公共消費型基礎建設投資指的是直接進入未來百姓消費的、具有一定公共產品性質的基礎建設投資，包括高鐵、地鐵、城市基礎建設、防災抗災能力、農村的垃圾和水處理、空氣質量的改善、公共保障性住房的建設等等。這種公共消費型投資不同於一般的固定資產投資，因為它們並不形成新的生產能力，不帶來產能的過剩。更重要的是，這種公共消費型投資並不完全是提供公共產品，比如說高鐵和地鐵仍然是誰使用誰受益，具有相當的排他性，並不是全體百姓同時受益。但是這類產品的性質與汽車、冰箱和電視機不同，因為公共消費必須是大量民眾一起進行的，比如一趟高鐵的消費群是幾千人，不可能為一個人開一趟高鐵，但是一部手機卻是一個人使用的。公共消費品需要大量的前期性投資，從社會福利的角度看，公共消費類的投資儘管商業回報可能比較低，但一旦形成服務能力，可以逐步形成社會福利回報。

　　為什麼說這種公共消費型基建投資是中國經濟當前以及未來的第一增長點呢？最根本的原因是這類投資是當前中國百姓最需要的，最能夠直接提升百姓未來幸福感。中國的國民，尤其是城市居民，與發達國家國民的生活質量差距，已經不再是電冰箱的擁有量、手機的普及度和質量，乃至汽車的擁有量和品質，而在於空氣的質量、交通的擁擠程度、公共交通的普及度和質量，以及自然災害來臨之時的應對能力。這些本質上屬公共消費水平的範疇。提升公共消費的水平，需要非常長的投資周期，商業回報往往是很低的，需要政府長時間的補貼。但這種投資在很大程度上可以拉動經濟增長，就目前情況而言，中國的固定資產投資中約有25％用於此類投資，這一比重未來還有提升的空間。值得一提的是，這種投資不僅不會加重產能過剩的問題，反而有助於化解這一難題。

　　中國經濟的第二大經濟增長點就是已有生產能力的綠化和升級。中國的製造業從生產能力和產出量上講已經在全球名列前茅，但是各種生產設備

往往是高污染、高能耗的，把這樣的產能升級為現代化、有效率的產能，需要投資，這個投資的過程將長期拉動中國的經濟增長。根據筆者不完全測算，僅五大耗能行業——有色金屬、鋼鐵、電力、化工、建材，更新一遍高污染、高能耗的產能，就需要十年時間，其每年將拉動 GDP 增長 1％。而且，由此帶來的低污染和低能耗將令國人長期受益。

中國經濟的第三大經濟增長點是居民消費。中國居民消費自從 2007 年以後，每年佔 GDP 的比重在不斷上升，目前已經上升到 54％左右。

綜上所述，中國最有可能在短期內引爆，並且可以長期依賴的最大增長點就是公共消費型投資。

（四）如何催生公共消費型投資
這個中國經濟第一大增長點？

為了釋放中國經濟的增長點，最重要的就是找到一條長期穩定、高效的融資渠道。當前地方政府投資主要的資金來源，是銀行貸款及與之類似的信託產品，公開發債佔比很低。

依賴銀行貸款進行長期投資的弊端很多。第一是期限錯配，以三年或三年以下的銀行貸款支持十年以上的固定資產投資，往往使得地方政府需要不斷向銀行再融資，而每一輪再融資無論對銀行還是政府都有風險。

第二是地方政府面對短期還債的壓力，從而過分依賴土地開發，這就像一個緊箍咒，不斷逼着地方政府拍賣土地，同時又擔心地價下降，導致許多地方政府不能夠按照應有的長期規劃來進行土地開發。

第三是由於大量的固定資產投資依賴銀行貸款，而這些投資具有政府背景，在資金來源上具有優先級，在相當程度上擠壓了銀行對中小企業的貸款，中小企業往往不得不以很高的利率為代價融資，這就拉高了整個民營經濟的貸款利率。

該怎麼辦？我們必須機制創新，通過創新為長期固定資產投資打開融資

渠道。首先應該允許宏觀槓桿率有所提高。當前中國的槓桿率，即政府、非金融部門和居民債務餘額佔 GDP 的比重，約為 250%。國際上很多人認為這個比重太高，但是必須注意，中國的國民儲蓄率是 47%，用這些儲蓄去支持佔 GDP 約 250% 的債務沒有任何問題。美國經濟的槓桿率也是 250%，但是美國的儲蓄率只有 17% 左右，更何況，美國還是一個以股權等直接融資市場為主的經濟體。

根據這個分析，我們認為，中國經濟降低槓桿率的關鍵是調整債務結構，本質上講，需要把部分公共消費性基礎設施投資由銀行貸款轉變為低利率的政府性貸款，或由政府擔保的借款，由此釋放銀行貸款潛力，讓其更多地為企業服務。

具體說來，第一，應該逐年增加國債的發行量，使國債佔 GDP 的比例從當前的 16.6% 提升到 50%。可以用淨增發的國債收入建立專門的國家民生建設投資開發公司，類似於國家開發銀行，但其功能更加單純，就是專門評估地方政府的長期固定資產投資資金的使用情況。並設立一個不斷滾動的（發新還舊）投資基金，專門用於長期支持民生性項目的投資建設。

第二，已發的、地方政府所借的債務，應該及時地轉為地方政府的公開債務（由中央政府擔保），但地方政府也需要同時公開自己的財務信息和資產負債表。這樣可以形成社會對地方政府財政的監督機制，這也是一個機制的創新。

第三，應該通過資產證券化等方式，逐步降低銀行貸款存量佔 GDP 的比重，如果能從目前的 155% 降低至 100% 的話，將有助於化解銀行的金融風險，更可以解決經濟增長對貨幣發行依賴的老大難問題。

換句話說，通過以上運作，可以逐步將貨幣的部分功能調整為由國債等準貨幣類金融工具來提供，從而使得金融市場的風險大幅度下降。同時也必須看到，當前由銀行發出的基礎設施貸款有一定的風險，所以應該允許銀行和信貸公司進行一定的重組，允許部分的項目和產品違約，這樣才能夠給金融系統消毒，逐步地化解系統性金融風險。

總之，中國經濟未來仍然有良好的發展前景，而當前能夠看到的最大的新增長點就是長期的、可持續性的、民生的、公共消費型的基礎設施投資。為了釋放這一增長潛力，必須從現在開始在融資渠道上進行創新，要在中國建立大量的國債等準貨幣金融工具，以比較低利率的長期債券來支持大量的投資，以此打通企業融資的渠道，降低融資成本，為整個中國經濟的轉型升級奠定堅實的基礎。

七　從德國大眾「尾氣門」事件 看中國國企改革

2015 年，大眾汽車爆出重大醜聞：其欺騙美國環保機構，在向北美出售的柴油發動機汽車中安裝非法軟件，有針對性地降低汽車尾氣在檢測過程中的污染物，而平時行駛時排放的污染物則超出標準。這一醜聞將帶給大眾汽車嚴重的名譽和經濟損失，美國司法系統一定會緊抓不放，事件很可能以大眾汽車的巨額賠償告終。

這一事件看上去離中國很遠 —— 在中國，柴油發動機在乘用車中極不普及，主要原因是柴油質量不過關，大眾等歐系柴油發動機進入中國，往往水土不服，機械很快就會遭到損傷 —— 但是，大眾汽車的造假事件對中國而言，尤其是對中國的國有企業改革，卻有深刻的啟發性意義。

（一）大眾汽車造假事件： 體制和經營上的深層原因值得反思

我自己對汽車產業尤其是德國的汽車產業，長期以來非常關注，與主機廠高管也有來往。實事求是地講，大眾汽車所取得的成績值得讚賞。大眾不僅在全球企業之林堪稱一大強者，業績有目共睹；更率先洞察到中國市場的

重要性和增長潛力，成為第一家與中國企業合資的主要車廠，在中國汽車工業的發展中起到了重要作用。與此同時，大眾一直積極參與公益事務，包括捐贈支持中國的教育事業。我們不能因為一次事件就全面否定其貢獻。

從我接觸的人士看，大眾集團的各級工作人員也都非常稱職和盡力。此番大眾汽車的「尾氣門」事件，在我看來，有其長期的制度性原因，根本的問題出在體制上。

在德國，大眾汽車集團類似於中國的一汽加上汽再加東風集團，屬準國有性質的企業，具有很強的「進取心」。大眾集團長期以來追求全球乘用車第一的皇冠，努力追趕豐田汽車，並終於在 2015 年上半年如願以償，銷量超過了豐田。

支撐大眾趕超豐田、摘取皇冠的，是其不斷的擴張。大眾集團內一些著名的子品牌，諸如卡車中的 MAN、豪華車中的賓利、超跑中的布加迪威航和蘭博基尼、摩托車中的杜卡迪，都是通過一系列令人眼花繚亂的併購而收入麾下的。大眾汽車高管經常驕傲地對我說，大眾汽車覆蓋了所有的汽車門類，已經成為世界第一大汽車集團。無疑，大眾汽車在擴張過程中採取了非常積極的策略，有着極強的「進取心」。這種「進取心」體現了上層領導者塑造汽車產業帝國的決心。

反觀內部經營管理，身為大型企業集團的大眾，內部的等級性、階層性比較強。相對其他汽車企業來講，其內部管理運作比較類似政府部門，上級對下級要求比較嚴格，下級為了完成上級交給的任務必須兢兢業業。這與寶馬等公司形成鮮明的對比。寶馬公司人力資源部門曾經向我展示他們的企業文化建設大綱，其中要求職工必須有十大精神，排在第一個的就是要有敢於發表不同意見的勇氣。

大眾公司的「進取心」，從近年來積極大膽地把雙離合變速箱（DCT）引進乘用車系列可見一斑。許多汽車業內人士告訴我，這一決策是極其冒險的，因為雙離合變速箱技術並不是非常可靠。果然，最近幾年出現了因為過熱而啟動系統保護，致使汽車癱瘓的事故。

此次「尾氣門」事件的來龍去脈還在調查之中，但我認為，其中的根本性因素無非是上層提出銷售目標，而下級不惜一切完成任務，最終鋌而走險去造假。大眾集團高層迫切想把柴油技術儘快向北美推廣，因為北美市場是大眾汽車的軟肋，是大眾多年以來在銷量上難以超越豐田的掣肘因素。上級要求在美國推廣柴油技術並不斷加碼，下級只能盡一切手段完成任務，我想，這應該是對此次「尾氣門」事件產生機制最合理的推斷。

（二）大眾汽車不代表德國模式，寶馬才是樣板

很多人認為大眾汽車是德國製造的代表，而大眾集團是德國第一大公司，因此代表着德國製造和德國企業精神。這一點我並不認同。

2015 年，我與德國著名經濟學家、羅蘭貝格公司創始人羅蘭·貝格（Roland Berger）先生一起編著了《中國經濟的未來之路：德國模式的中國借鑒》一書，專門探討了德國的市場經濟體制，其中有一章專門談到德國的企業。我們發現，德國企業的主流群體是家族長期控制、職業經理管理、有企業各層級參與的現代化企業。按照這一分析，大眾汽車其實是一個異類。

大眾汽車是一家準國有企業。它總部所在的下薩克森州擁有大眾汽車約20％的股權，而且根據極其複雜的投票權設計，下薩克森州對其股東大會決議擁有投票否決權。再者，從股權結構看，大眾汽車長期以來已經沒有家族的影響。從大眾集團的歷史看，大眾汽車在德國是一個為國民生產高性價比產品的準國有化企業。

最近幾十年以來，大眾汽車也不斷得到德國政府和高官的關注和重視。德國前總理施羅德就是大眾汽車最重要的支持者，他把自己的座駕從奔馳專門改成輝騰，以力挺大眾。在大眾與中國合資這一問題上，施羅德也極為盡力，但這並不能改變大眾不是德國企業主流的事實。

德國企業的典型代表，應該是寶馬、漢高、博世這一類家族控制的企

業。它們多由家族長期控制、精心管理，但是在管理層面，家族成員並不親自出面，而是請職業經理人打理，工會和職工則通過監事會制度化地參與管理。這種機制保證了公司具有更長遠的目標，而不是追求短期銷量，更沒有搶佔世界第一這種急功近利的想法。在研發方面，這種公司更具有前瞻性，重視根本性、長期性的創新。

德國三大車廠中，大眾是準國有化企業，奔馳是美國式的股權極為分散的公眾公司，只有寶馬由匡特家族掌控。三家公司個性完全不同。大眾積極進取，內部管理等級森嚴，如此釀成今日的錯誤。奔馳是一個散戶大規模持股的上市公司，所以在 20 世紀末，奔馳與克萊斯勒合併，想走一條強強互補的道路，結果非常失敗。這一併購案經常被德國企業界評論，有人挖苦說，奔馳之所以這麼做，就是因為高層想學美國，通過與美國的公司合併，獲得超高的工資和獎金。的確，德國三大車廠中，奔馳老總的工資遠比其他公司要高。

相比之下，三大車廠中，寶馬更能代表德國企業的主流。過去幾年來，寶馬已經超越奔馳，成為豪華車銷量上的領跑者。這家典型的德國家族企業，由匡特家族於第二次世界大戰以後精心管理，招聘專業人員從事第一線管理，但是家族絕不是袖手旁觀，在重大問題上，家族總是站在公司長遠發展的角度，精心研判。更重要的是，寶馬通過鼓勵內部職工大膽創新，提出不同甚至與上級相左但有利於公司長期發展的意見，不斷超越自己。

在技術創新領域，寶馬最近幾年的表現令人刮目相看。比如，過去寶馬把後輪驅動作為立身之本，但其最近已經宣佈開始生產前輪驅動車；寶馬併購 Mini 和勞斯萊斯的運作之高超、定位之精準，也令人讚歎；再有，寶馬汽車過去恪守的是自然吸氣，但是看到節能減排是大趨勢，就迅速轉向渦輪增壓，又從渦輪增壓轉向用碳纖維打造電動汽車，再推出電動摩托車，這一系列運作，頗讓人佩服其創新力和前瞻性。

寶馬與大眾不同，它並不一味追求市場佔有率，盲目擴張市場份額，而

是認真把握自己的市場定位。我與寶馬高層交流時，他們反覆詢問我一個問題：寶馬在中國銷量如此快速的增長，會不會傷害寶馬品牌的含金量，會不會抑制寶馬未來的成長。不管答案如何，能有這樣長遠的考量就十分難得，這與家族長期謹慎控制是密不可分的。

另一家經營狀況非常好的德國企業 —— 博世，比寶馬的家族控制色彩更濃。這家企業由博世家族長期控制，堅持不上市，注重永續發展，把創新擱在第一位，擁有大量的研發和技術後備。雖然全球各車廠之間的競爭十分熱鬧和激烈，但在核心技術和零配件方面，博世卻遠遠超越競爭對手，獨步天下。這種超然的地位與它秉持長遠眼光、堅持研發、不為短期利潤波動所左右是密不可分的。

同樣的德國企業還有漢高和很多不為中國百姓所熟知的家族企業，它們才是德國製造的精髓。

（三）世界資本主義進入 3.0 模式

2015 年 7 月底，我到美國進行了一番比較系統的調研，參加了很多研討活動，其中一個深刻的印象是，全球資本主義模式正在發生變化。

如果說早期亞當‧斯密時代的家庭作坊式企業是資本主義市場經濟發展中的第一代企業模式，那麼到了 20 世紀初，大規模出現的上市公司由於迅速聚集社會資源，形成可觀的生產能力，可以看作資本主義企業發展中的第二代形態。而通過這次調研，我明顯感到，資本主義發展模式的第三階段已經到來，那就是通過華爾街等代表的金融資本，長期而不是短期持有實業企業。

華爾街資金在 20 世紀 80 年代之後的典型運作手法是，通過私募股權基金併購和買賣企業，在短期推高企業股價，獲得巨額盈利。而今，這個時代正在過去，取而代之的是資本主義 3.0 模式，那就是一批金融資本，反覆、仔細尋覓有潛在成長價值的上市或未上市的公司，通過長期持有、控制這些

實業企業，幫助其長期提升價值，而企業經營則由專業人員打理。這種模式與德國家族長期控制、專業人士管理的模式不謀而合。

在我看來，這是市場經濟發展的一個新的趨勢。在華爾街有一個投資者對我講，自己手裏控制着很多家有長期投資價值的企業，很多人想以100％或200％的溢價購買其股票，他都不願意出讓，因為他的目標是這些企業的長期盈利。

（四）對中國國企改革的啟示

中國的國企改革將向何處去？我認為，未來的中國應該扶持一批家族專注於長期戰略管控、職業經理直接經營的企業。國家可以在資本層面入股這樣的企業，但是不直接參與戰略規劃和日常經營。通過這種模式，中國應該能產生出寶馬這樣的世界一流企業。

日本在這方面有負面經驗。日本的衰落很大程度上在於其家族企業難以延續。比如松下、豐田、尼桑、日產等公司，家族的控制力非常弱，甚至蕩然無存，這與第二次世界大戰後日本盲目採取了美國人強制推行的遺產法有關。在日本，遺產稅非常高，導致家族根本無法傳承自己的財富。德國雖然有遺產稅，但我們研究發現，德國的遺產稅對家族企業絕對是網開一面的，只要家族持續經營一個企業十年以上，由上一輩傳給下一輩的經營性資產可以不交任何遺產稅。

在中國，今天有一大批由家族控制的企業，如新希望等。這些企業能否長期發展，關鍵在於下一代人要繼承上一代人的企業家精神，長期專注於經營。而為鼓勵這些企業的長期經營，在遺產稅方面必須網開一面。一個家族長期經營一個企業，是對社會最大的貢獻，相反，這個家族如果將企業賣掉，轉為金融性資本甚至消費性資本，如大宅院、豪車，這將是社會極大的損失。

柳傳志先生曾在不同場合反覆提到他的夢想是把聯想打造成沒有家族的

家族企業。我個人認為，這一說法也許過於謙虛了。聯想未來要長期發展，客觀上講，需要一個家族長期在戰略上把控，同時團結一大批專業經理人共同打造、員工部分參股。聯想集團可以不姓柳，但是應該讓一部分家族進來，維繫其長期發展。這樣的家族應該是兢兢業業、勤勤懇懇、生活檢點、專注於自己的企業而非政治或社會的，他們應當是民族經濟發展的棟梁。國有資本應該參股這樣的企業，打造國家公共財政的基礎。

這就是大眾汽車「尾氣門」事件給我們的啟示。

八　替子孫後代把關今天的城鎮化

城鎮化已經被看作中國未來經濟發展最大的動力，城鎮化寄託了中國經濟和社會發展的種種期待 ── 經濟增長的動力、百姓民生的改善、提高消費改善結構等等，可以說，當今中國經濟把增長結構和效益的改善都放在城鎮化上。但是，在這一備受矚目的重大課題上，有一大批沉默的、不能參與討論的利益相關者，他們就是我們的子孫後代。

城鎮化是改變中國經濟面貌的大事，是改變中國經濟地理和國土面貌的大事，更是不可逆轉的大事。今天走出什麼樣的城鎮化道路，將會不可逆轉地改變中國經濟和社會的未來。因此，從好的方面講，城鎮化是中國經濟和社會發展千載難逢的機遇，如果城鎮化可以謀劃得好、推進到位，它將使中國的經濟結構變得相對合理，乃至領先於當前的發達國家；相反，如果城鎮化進行得不好，則將使中國經濟和社會背上沉重的包袱。

（一）城鎮化決策必須着眼子孫後代利益

即使當今已經實現現代化的各國，在城鎮化問題上也不一定走出了最佳的道路。

在美國，西海岸的大型城市舊金山以及特大型城市洛杉磯，在美國人自己的眼中並不是最優的城市形態，其佔地面積過大，人口過多，耗水量極大，交通成本高昂，在過去相當長時間內，也飽受空氣污染的痛苦。這一切都表明，美國很多大城市發展的模式並非最優。

在歐洲，過去 500 年以來，城市的發展格局基本上沒有改變，500 年前的小城鎮今天大部分依然是城鎮。以歐洲人口密度相對較高的自然稟賦而言，這種格局不一定是最優的。這導致人口居住相對比較分散，而城市外部供市民遠足、探險、探尋大自然的空間比較有限，土地的開發力度顯得相對比較高。

對於中國而言，雖然整體國土面積較大，但是大量的國土並不適合居住，甚至也不適合從事農林牧等經濟活動。

在諸多複雜的條件下，今天的城鎮化與人口政策也許是中國整個現代化進程中影響最為長遠的重大戰略決策。在城鎮化和人口問題上，我們必須站在幾百年後的子孫後代的立場上來考慮問題，眼光必須長遠，不能僅僅局限於當今社會。

（二）城鎮規模宜相對集中，佈局應重在沿海與華南

那麼，站在幾百年後中華民族子孫後代的立場上來看待今天的城鎮化進程，有哪些值得我們高度關注的重大課題呢？

第一個重大課題，是城鎮化的相對集中度問題。

從生活在今天的中國百姓的角度看，一般是希望居住得寬鬆一點，由此也會導致城市的佔地面積增加。但是從更長遠的角度來看，人類的經濟和社會活動對環境的影響應該越小越好，只有這樣，整個環境對人類的支撐度與和諧度才能提高。因此，如果從最長遠的角度考慮問題，城市的規模應該集中一點，城市內部的人口密度也應該相對提高一點，這才會使得人類活動對自然的影響少一點。與此同時，隨着未來勞動生產效率的不斷提高，城市居

民會有越來越多的閒暇時間，他們完全可以利用這些時間更多地走出城市，到郊外包括遙遠的荒野去更親密地接觸大自然。

按照這個原則，中國香港的整體城鎮化發展模式是有借鑒意義的。在中國香港，僅僅有 15％～20％的土地是開發的，餘下 80％的土地都未開發，基本處於自然狀態。與此模式相比較，歐洲大陸模式也未必是符合人類長期發展的最佳城鎮化選擇。

美國國土面積超大，人口數量極低，自然條件總體非常優越。因此，城市發散型發展、面積無限制地膨脹，儘管往往給城市居民的生活帶來了不便，但總體來看，並沒有在很大程度上影響其長期的環境質量。其模式在地少人多的中國不見得適用。

第二個重大課題，是城鎮化的佈局問題。

按照人類活動對環境影響較小、城市密度相對較大的原則，城鎮化的佈局應該集中在比較適合於人類經濟社會活動的地區。

過去 200 多年來，在工業化時期，尤其是後工業化時期，人類社會生活的格局出現了明顯的變化。工業革命前，由於科技和技術的限制，以及對居住環境、溫度調節能力的不足，世界主要的城市都集中在溫帶和寒帶。因為在這些地區，夏天傳染病相對比較少，而由於人類早已掌握保暖禦寒的種種技術，冬天也可以很好地生存。

後工業化時代，人類已經掌握了控制大多數傳染病的醫學知識和技術，也完全掌握了空調技術，因此，現代社會的基本趨勢是人口朝著亞熱帶甚至熱帶地區聚集。在這些地區，人均壽命也比較高。這是因為，寒冷的冬天對於人類情緒往往有負面影響，對高血壓、糖尿病等現代病的康復十分不利，從而會直接降低人均壽命。

具體到中國的城鎮化大規劃，應該更多考慮在沿海和南方地區發展大城市。沿海和南方，相對於西北部和東北部更加適合人類居住，因此，在這一帶適當增加城鎮化的規模和力度，能夠減少其他地區經濟發展對環境的壓力，從國家整體佈局上講是符合經濟和環保基本規律的。傳統的觀念是全國

人口佈局要平均，這種看法是不符合現代社會發展理念的。現代戰爭條件下的國防依賴的是高等科技，與人口佈局的關係日益疏遠。

（三）在長遠規劃的基礎上柔性地推進城鎮化

如果同意以上城鎮化的分析，那麼中國的城鎮化進程應當如何推進呢？

第一，要從整體上規劃，成立國家層面的城鎮化發展戰略委員會，類似於全面深化改革領導小組，它具有超越部門、超越地區的高度權威性，保證一個規劃執行到底，堅持幾十年不變。

第二，要儘量採取柔性的市場化方法，而避免以簡單粗暴的行政干預手段來影響城鎮化進程。當今中國社會已呈現利益多元化的格局，百姓日益崇尚經濟自由、遷徙自由和言論自由，因此也不可能再以傳統的強制辦法來壓迫人口的遷移和城鎮的發展，而應當採取市場機制進行引導。比如說不同地區的水價、電價、能源價格可以不一樣，再比如若干生態環境不適合於長期發展，同時已經過於擁堵的地區，應該容忍其房價較高。這些地區較高的房價，實際上就是一種限制人口繼續過度湧入的機制。

第三，要用產業的發展規劃來引導人口發展。經濟學研究的機制告訴我們，影響城鎮化發展的因素有兩個，除了氣候因素、生活條件之外，另一因素就是就業。而就業又跟產業密切相關。在一些資源、環境不支撐其持續發展的地區，應當通過市場的辦法，如電價、水價來控制其產業規模，從而限制城鎮的規模。

總之，今天在城鎮化問題上，應當站在中華民族子孫後代的立場上謀劃，在最高層面規劃，儘量採用市場化的方法來柔性地推進整體規劃的執行。如果中國能走出一條經得住歷史考驗的城鎮化之路，將是中國對世界現代化的重大貢獻。

百年變局下的中國經濟

李稻葵　著

責任編輯　李夢珂　王春永
裝幀設計　譚一清
排　　版　賴艷萍
印　　務　劉漢舉

出版　　開明書店
　　　　香港北角英皇道 499 號北角工業大廈一樓 B
　　　　電話：（852）2137 2338　傳真：（852）2713 8202
　　　　電子郵件：info@chunghwabook.com.hk
　　　　網址：http://www.chunghwabook.com.hk

　　　　香港管理學院出版社
　　　　香港中環域多利皇后街 9 號中商大廈 6 樓
　　　　電話：（852）2334 8282
　　　　電子郵件：info@hkaom.cdu.hk
　　　　網址：http://www.hkaom.edu.hk

發行　　香港聯合書刊物流有限公司
　　　　香港新界荃灣德士古道 220-248 號
　　　　荃灣工業中心 16 樓
　　　　電話：（852）2150 2100　傳真：（852）2407 3062
　　　　電子郵件：info@suplogistics.com.hk

印刷　　美雅印刷製本有限公司
　　　　香港觀塘榮業街 6 號海濱工業大廈 4 樓 A 室

版次　　2022 年 7 月初版
　　　　© 2022 開明書店

規格　　16 開（240mm×170mm）

ISBN　　978-962-459-258-0

本書由人民出版社授權出版，僅限中國大陸以外地區銷售